80分でマスター！

ガチ速決算書

入門

扶桑社

はじめに

ビジネスパーソンは「決算書」を避けて通れない

　あなたは「数字」が得意ですか？　それとも苦手ですか？

　この本を手に取ったということは、たぶん、数字が苦手ですね。苦手を超えて、「アレルギー」があるのでしょう。ですが、ビジネスの世界では、数字を避けて通ることはできません。

　なかでも、絶対に避けて通れない数字のひとつに「決算書」があります。避けて通れないどころか、ビジネスパーソンにとっては、「決算書」を読み、分析し、それをビジネスに活かす力が必須です。今後は、「決算書」すら読めないようでは、グローバルレベルでの競争がますます激しくなるビジネスの世界で勝ち残ることなどできないでしょう。

会話に数字を入れると説得力が高まる！

　言い換えれば、ビジネスの世界で自分だけ取り残されたくないなら、「決算書」を読みこなせる「数字力」が不可欠です。なぜなら、会社を取り巻く環境は「数字の集まり」だからです。

　考えてみてください。もしも、あなたが商談の席で、
「このシステムを導入することで、業務効率が格段にアップします。残業時間の削減にもつながります」
　と提案された場合と、
「このシステムを導入することで、業務効率が50％アップします。実際に導入したA社では、月間平均30時間だった残業時間を15時間に削減することに成功しました」
　と提案された場合では、どちらに心を動かされますか？
　より具体的な数字をあげて提案した後者ではないでしょうか。

　ここからもわかるように、会話に数字を入れることで説得力が増します。そして、会話に数字を入れるためには、常に「数字で考える」ことが重要です。

業務効率が
大幅にアップします

A社プレゼン

業務効率が
50％アップします

B社プレゼン

数字で根拠を
具体的に示されると
わかりやすいな

B社の
製品に
決めよう

足し算、引き算、割り算ができれば「決算書」は読める！

　私は、偏差値35の底辺校から、2浪の末、立命館大学に入学しました。ですが、そこで「よし」とせず、入学してすぐに公認会計士試験の勉強を始め、在学中に公認会計士試験に合格しています。

　卒業後は、世界最大規模の会計事務所であるデロイト・トウシュ・トーマツグループの監査法人、有限責任監査法人トーマツに就職し、不動産、保険、自動車、農業、飲食、コンサルティング業などさまざまな業種、業態の会計監査や内部統制監査に従事しました。そして、2013年に独立し、現在では、毎年、年収1億円以上の収入を得て、会社7社のオーナー業の傍ら、起業家育成プロデュース、出版プロデュース、執筆活動を営んでいます。

決算書は、足し算、引き算、割り算ができれば誰でも簡単に読めます

それなら大丈夫だ！がんばるぞー！

最初から「難しい」と思わないで！一緒にマスターしましょう

この本は、私が持っている会計の知識を総動員して、数字アレルギーの人であっても80分で、決算書を読んで分析し、ビジネスに活かせる力をつけられることを目的に書きました。イラストや図解が満載なので、「見る」だけで、「難しい」と捉えられがちな「決算書」をマスターできるでしょう。

　なかには、「数字だけじゃなく、計算も苦手だから…」と、決算書を勉強することに及び腰な人もいるかもしれませんね。
　でも、大丈夫です。実は、「決算書」は、足し算と引き算、それに割り算ができれば、簡単に読んで、分析できるようになります（掛け算も、ほんの少し必要です）。なので、足し算、引き算、割り算がわからない人は、読まないでください。

　この本は、数字のプロである、外資系会計事務所出身のコンサルタントが書いた、数字アレルギーの人専用の「決算書」をマスターするための、"ほぼ絵本"です。
　誰もが理解できるよう、決算書の「基礎の基礎」を解説しています。そのため、図解で使用した決算書は抜粋し、加工したものがほとんどです。足し算、引き算をしても計算が合わないケースがあるので、あらかじめご了承ください。
　まずは、イラストと図解を見るだけでもＯＫです。「難しい」と感じるページは飛ばして先に進んでも構いません。決算書の読み方も100点を目指す必要はありません。70点や80点で十分です。それでも、一冊読み終える頃には、決算書を読めるようになり、自然と数字力も身についているはずです。

CONTENTS

Part **2** 「損益計算書(P/L)」
の基礎を
マスターしよう!

Part 3 「貸借対照表 (B/S)」の基礎をマスターしよう！

「キャッシュフロー計算書 (C/S)」の基礎をマスターしよう！

Part 4

ズバリ知りたい
「決算書」に関する
Part ⑤
素朴な疑問に
答えます!

Staff
編集協力　　　　　大山弘子
デザイン・DTP　　村上麻紀
イラスト　　　　　岩井勝之
校正　　　　　　　小西義之

Part

1

そもそも
「決算書」ってなに？
どう役立つの？

そもそも「決算書」とはなんでしょうか。
また、「決算書」でどんなことがわかり、
どう役立つのでしょうか。
まずは、「決算書」の基礎を押さえておきましょう。

80分で「決算書」の
基礎をマスターして、
数字アレルギーを
克服しましょう！

ガチ速で
マスター
するぞ！

会社の"成績表"であり"健康診断書" 1年間の活動がまるっとわかるもの

なんとなく
地味な
会社だね

立派なビルだなあ。
さぞかし儲かって
いるんだろうね

あの会社、
儲かっているらしいけど、
ホントかなあ

でも、実際には…

でも、実際には…

お金を返さなきゃ
いけないのに、
おサイフが空っぽだ。
どうしよう…

今年もだいぶ
儲かったな。
現金もたくさんあるし、
投資家への
配当金を増やそう

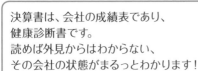

決算書は、会社の成績表であり、
健康診断書です。
読めば外見からはわからない、
その会社の状態がまるっとわかります！

決算書を見るだけで、
会社の成績や健康状態が
わかるんだね！

その会社の1年間の活動と結果が書いてある

「決算書」は、その会社の1年間の活動とその結果を記録した、いわば「成績表」であり、「健康診断書」です。

会社では、日々ビジネスをし、お金を稼いでいます。その過程では、儲かることも損をすることもあるでしょう。損をしたときには、あまり直視したくないものですが、それでも、会社には日々の活動を数値化して記録することが義務づけられています。それが「決算書」です。

「決算書」を読めば、その会社のいまの状態がわかる

つまり、「決算書」を見れば、その会社が1年間、どんな活動をし、結果としていくら稼いでいくら利益を得たのか、どんな財産を持っていて、それをどう集めてきたのか、お金の流れはどうなっているのかが、まるっとわかります。

しかも、儲かっている場合にはなぜ儲かったのか、損をした場合はどうして損をしたのかまで見えてしまいます。

「決算書」を読むことができれば、その会社の成績がいいのか悪いのか、健康なのか不健康なのかを把握できるようになります。

Check!
- 「決算書」は会社の活動を数値化したもの
- 「決算書」を読めば、会社の成績の良しあし、健康か不健康かを把握できる

「損益計算書」「貸借対照表」「キャッシュフロー計算書」の3つがある

それぞれにわかることが異なる

「決算書」には、主に3つの種類があります。

　会社の業績や収益性がわかる「損益計算書（Profit and Loss Statement〈P/L〉）」と、会社の財務や安全性がわかる「貸借対照表（Balance Sheet〈B/S〉」、会社のお金の動きがわかる「キャッシュフロー計算書（Cash Flow Statement〈C/S〉）」です。

「決算書」は、財務諸表（財務三表）などと呼ぶこともあります。この3つは、それぞれを見る場合もあれば、3つを組み合わせて分析する場合もあります。それにより、1年間の会社の活動とその結果をいろいろな角度から知ることができるのです。

損益計算書 の例（抜粋）

（単位：百万円）

売上高	156,527
売上原価	56,277
売上総利益	100,250
販売費及び一般管理費	90,651
営業利益	9,599
営業外収益	344
営業外費用	212
経常利益	9,731
特別利益	16
特別損失	2,394
税引前当期純利益	7,443
法人税、住民税及び事業税	3,148
法人税等調整額	▲685
当期純利益	4,980

会社の業績、収益性がわかる

Part 2
（P33〜64）
で詳しく解説
→

貸借対照表 の例（抜粋）

（単位：百万円）

資産の部		負債の部	
流動資産		流動負債	
現金及び預金	63,738	支払手形及び買掛金	30,181
受取手形及び売掛金	56,581	短期借入金	2,020
商品及び製品	35,079	未払費用	24,839
原材料及び貯蔵品	8,509	賞与引当金	4,370
未収入金	10,301	その他	5,350
その他	3,313	流動負債合計	76,473
貸倒引当金	▲74	固定負債	
流動資産合計	177,449	社債	10,000
固定資産		長期借入金	44,522
有形固定資産		退職給付に係る負債	10,313
建物及び構築物	47,747	その他	3,579
機械装置及び運搬具	22,954	固定負債合計	76,585
工具、器具及び備品	24,343	負債合計	153,058
土地	22,335	純資産の部	
有形固定資産合計	84,186	株主資本	
無形固定資産		資本金	19,912
のれん	14,729	資本剰余金	18,640
ソフトウエア	1,416	利益剰余金	119,242
その他	2,810	自己株式	▲4,547
無形固定資産合計	18,956	株主資本合計	153,248
投資その他の資産		その他有価証券評価差額金	2,279
投資有価証券	5,035	土地再評価差額金	▲6,053
繰延税金資産	5,847	退職給付に係る調整累計額	▲484
その他	12,754	その他の包括利益累計額合計	▲3,586
貸倒引当金	▲248	新株予約権	133
投資その他の資産合計	23,389	非支配株主持分	1,127
固定資産合計	126,532	純資産合計	150,923
資産合計	303,981	負債・純資産合計	303,981

会社の財務、安全性がわかる

Part 3（P65〜128）で詳しく解説 →

キャッシュフロー計算書 の例（抜粋）

（単位：億円）

会社のお金の流れがわかる

営業活動によるキャッシュフロー	2800
税引前当期純利益	3378
法人税等の支払額	▲1039
減価償却費	970
運転資本の増減額	▲500
その他	▲9
投資活動によるキャッシュフロー	▲2420
設備投資支出	▲1894
有価証券増減額	10
定期預金の増減額	▲527
その他	▲8
財務活動によるキャッシュフロー	▲959
借入金増減額	75
配当資金支払額	▲874
自己株式取得額	▲105
その他	▲56
換算差額ほか	▲131
現金及び現金同等物増減額	▲711
現金及び現金同等物残高	7572
有利子負債残高	217

決算書には主に3種類あります。この3つを「財務諸表」などと呼ぶこともあります

Part 4（P129〜160）で詳しく解説 →

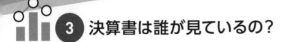

③ 決算書は誰が見ているの?

経営者や従業員、お金を貸している人、出資している人、取引先など

「いい成績をとってほしい」と願う人が見る

　ところで、決算書は誰が読んでいるのでしょうか。それを考える前に、ご自身のことを振り返ってみましょう。

　学生時代にあなたの成績表は誰が見ていましたか?　あなたとあなたのご両親、担任の先生はもちろんのこと、塾の先生や家庭教師の先生も見ているでしょう。入学試験を受けるときには、「内申書」という中学校や高校生活3年分の成績表を志望校に提出しましたよね。

　では、あなたの成績表を見たのは、あなたとどんな関係がある人でしょうか?　あなたに「いい成績をとってほしい」と願っている人ではないでしょうか。

▼ 会社の利害関係者が決算書を見ている!

経営者 ← 報酬 ← / 経営 →

配当金 → 投資家 / 出資 →

従業員 ← 賃金 ← / 労働力 → / モノやサービス

対価 → 取引先 / モノやサービス → / 元本や利息 →

顧客 / 対価 / 融資 → 銀行

今年の成績はどうかな?健康かな?

注目するのは会社と利害関係のある人

　会社の場合も同じ。その会社に「いい成績をとってほしい」「健康な状態であってほしい」と願っている人たちです。それは、その会社を経営していたり、そこで働いたり、取引をしたり、お金を貸したり、株を買ったり（出資したり）している人たちです。これを「利害関係者」と呼びます。

　利害関係者が、会社の成績を知らなかったら、どうでしょうか？倒産しないとも限らない会社とは取引したくないでしょうし、お金を貸したくないでしょう。出資もしないし、できればそこでは働きたくありません。だからこそ、経営者や取引先、銀行、投資家などは、必ず決算書を読みます。

　会社で働く（あるいはこれから働く）あなたや、どこかの会社からものを買っている顧客であるあなたも、その会社の決算書を読めないと困ることがあるかもしれませんよ。

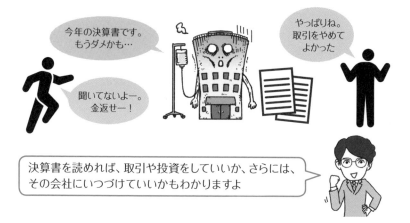

今年の決算書です。もうダメかも…

聞いてないよー。金返せー！

やっぱりね。取引をやめてよかった

決算書を読めれば、取引や投資をしていいか、さらには、その会社にいつづけていいかもわかりますよ

④ 決算書を見ると何がわかるの?

儲かっているか、倒産しないか、伸びそうかなどがわかる

決算書には会社のお金回りのことが全部書かれている

　決算書には3種類あるとお話ししました。繰り返しになりますが、会社の業績や収益性がわかる「損益計算書」と、会社の財務や安全性がわかる「貸借対照表」、会社のお金の動きや成長性がわかる「キャッシュフロー計算書」です。この3つを見れば、その会社のお金回りのことが全部わかります。それぞれの詳しい内容は、Part2以降でお話ししていきますね。

　「損益計算書」「貸借対照表」「キャッシュフロー計算書」は、それぞれに役割があり、それぞれ違った視点から会社を見ることができます。ただし、単独で見るだけでなく、それぞれが関係性を持っています。どれかひとつだけを見るのではなく、「『損益計算書』のこの数字は『貸借対照表』のこの数字と関係している」とか、「『キャッシュフロー計算書』のこの数字は、『損益計算書』のこの数字とほぼ同じだ」などがわかってくると、会社の状態がさらに深くわかるようになります。本書では、そんなこともお伝えしていきます。

3種類もあるの?
全部読まなきゃだめ?

3種類ある決算書は
それぞれ大切ですが、
数字の関係性にも
注目しましょう

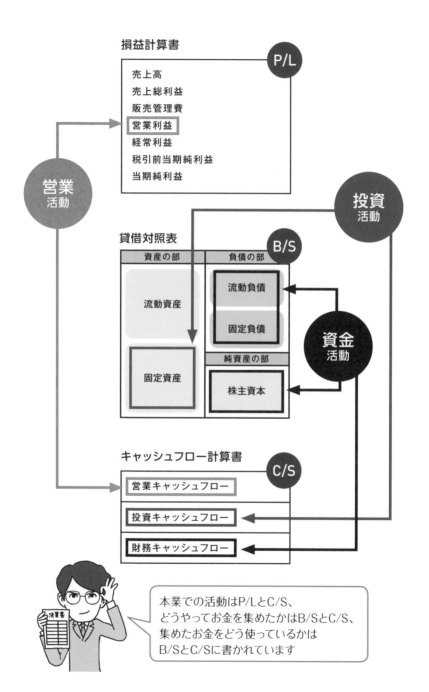

損益計算書 P/L

売上高
売上総利益
販売管理費
営業利益
経常利益
税引前当期純利益
当期純利益

営業 活動

投資 活動

貸借対照表 B/S

資産の部	負債の部
流動資産	流動負債
	固定負債
固定資産	純資産の部
	株主資本

資金 活動

キャッシュフロー計算書 C/S

営業キャッシュフロー
投資キャッシュフロー
財務キャッシュフロー

本業での活動はP/LとC/S、
どうやってお金を集めたかはB/SとC/S、
集めたお金をどう使っているかは
B/SとC/Sに書かれています

⑤ 決算書は絶対に作らなきゃならないの？

決算書を作ることは会社の義務

　Part2以降で決算書の内容について詳しい説明を始める前に、決算書に関する基本的なことを押さえておきましょう。

決算書作成は法律で義務づけられている

　決算書は法律によって作ることが義務づけられています。それは、大企業でも、設立間もないスタートアップ企業でも、街中のお店でも、個人事業主でも同じです。

　毎年最低1回は決算書を作成し、稼いだ利益から税金を払うために税務署に提出することも義務づけられています。

すべての会社に、最低年1回、決算書を作成する義務がある！

決算書
作成しました！

決算書
見せたくない〜

だめだよ、
ちゃんと作らなきゃ

個人事業主

えっ、ぼくらも？

すべての会社が決算書を作ります。個人事業主もです

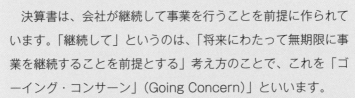

Column

会社は
「永遠に続く」ことが前提

　決算書は、会社が継続して事業を行うことを前提に作られています。「継続して」というのは、「将来にわたって無期限に事業を継続することを前提とする」考え方のことで、これを「ゴーイング・コンサーン」（Going Concern）」といいます。

　会社は倒産することなく、発展し続けることをめざして経営していると考えられ、決算書もこれが成立していることを前提として作成します。

　会社は永遠に続くけれど、万が一倒産しないとも限りません。倒産するまで会社の経営状態や財務状態がわからなかったら、取引先や消費者、お金を貸す銀行などは困ってしまうでしょう。

　そこで、会計のルールとして、ゴーイング・コンサーンを前提にしつつ、会社の活動を1年ごとに区切って決算書を作成しているのです。

もしも、決算書がなかったら…

お金貸して
ください

前に貸したお金を
返す前に、また
借りにきたよ

貸しても大丈夫かな。
経営状態がわかるものが
あったらいいのに…

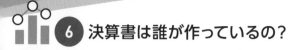

会社の経理担当者です

決算書は会社の経理担当者が作成する

　決算書は誰が作っているのか知っていますか？　会社の社長でしょうか？　それとも、営業の部門長でしょうか。答えは、会社の経理を担当する部署や経理担当者です。

日々のお金の動きをもとに作成する

　といっても、経理部門や経理担当者が勝手に作っているわけではありません。請求書や領収書など、日々のビジネスによるお金の動きを記録した書類を集め、整理したうえで、決算残高を確定します。そのデータをもとに、損益計算書や貸借対照表、キャッシュフロー計算書などの決算書を作成します。

　なお、決算書を作成するためには、簿記や会計の知識が必要です。そのため、会社によっては、外部の税理士が作成していることもあります。

決算日から2か月以内に作成する

決算日から2か月以内に税務署に提出する

　すでにお話ししたように、会社は1年に最低1回、会社の活動で得た成果を数字で記録した決算書を作成することを義務づけられています。ただし、いつでも好きなときに作成すればいいわけではありません。

　法人税法では、事業年度終了日の翌日から原則として2か月以内に税金を申告し、納付することが定められています。

　事業年度の終了日とは、決算日のこと。決算期を4月1日から3月31日までの年度ベースにしている会社の場合には、3月31日が決算日となり、そこから2か月以内に税務署へ決算書を提出しなければなりません。

決算書は、原則として決算日から2か月以内に税務署に提出しなければなりません

そんなに短期間で作るんですね。大変だなあ

だから、早く精算しろっていうのか…

だから早く交通費を精算して！

経理担当者

法人税法と会社法による違いも

　ただし、法人税の申告期限は、一定の理由があれば延長することが認められます。そのひとつが、監査法人の会計監査を受けなければならないことなどの理由により決算が確定しない場合です。

　法人税の申告は、原則として、会計監査人と株主総会の承認を受けて確定した決算に基づいて行われます。

　会社法で株主総会は決算日から3か月以内に開催すればいいとされているため、この特例によって決算の申告期限を1か月延長することが認められているのです。

　なお、災害などのやむを得ない理由によって、2か月以内に申告ができない場合は、災害などがやんだ日から2か月以内に限って申告の延長が認められます。

▼ 決算書はいつまでに作る？

法人税法	原則として、決算日の翌日から2か月以内に決算書を税務署に提出し、申告、納税する
会社法	株主総会は原則として決算日から3か月以内に開催する →申告期限を1か月延長できる

監査法人の会計監査や株主総会の承認を受けて確定した決算に基づいて法人税を申告するため、株主総会開催まで申告を延長できます

現金の入金＝売上
ではない

現金が動いたときに処理する「現金主義」

　私たちが家計簿やおこづかい帳をつける場合は、モノやサービスを購入し、お金を払った日に「支払いがあった」と記録します。つまり、現金の支払いや受け取りがあって初めて会計処理をします。これを「現金主義」といいます。

現金主義

現金主義は、現金の支払いや受け取りがなされた時点で会計を処理します

会社の会計は「発生主義」

では、会社の場合はどうでしょうか？

会社の会計は、「発生主義」を採用しています。「発生主義」では、会計の世界では、商品を届けた段階で売り手側にはお金をもらうことができる「権利」が発生し、買い手側にお金を支払う「義務」が発生したと考えます。専門用語を使うと、「支出および収入の必要性（＝経済的事実）が発生した期間に計上する必要がある」ことになります。

つまり、「発生主義」で会計処理をすると、必ずしも収入＝収益と支出＝費用が成り立つとは限らないのです。

発生主義

ご注文の商品は届きましたか？

届きました。代金は来月払います

お金をもらえる **権利** が発生

お金を支払う **義務** が発生

発生主義は、現金のやりとりに関係なく、売上の収入や費用の支出額が確定した日付で計上します

8 決算書にウソを書いたらどうなりますか？

犯罪になります

決算書にウソを書くことを「粉飾決算」といいます

　会社の業績が、実は黒字であるにもかかわらず赤字であるかのように見せるなど、会社の経営状態や財務状況を事実と異なる金額で申告することを「粉飾決算」といいます。

　粉飾決算には、実際よりも利益を多く見せるように操作したり、反対に実際よりも利益を少なく見せるように操作することのほか、売上を水増しして計上する、本来ならば翌期（次の年や年度など）に計上する売上を前倒しして計上する、費用や負債を計上しないなどがあります。

　赤字なのに黒字であるかのように粉飾した決算書をもとに銀行などから融資を受けた場合には、詐欺罪など刑事罰の対象になり、逮捕されることもあります。

　なお、黒字なのに赤字に見せかけ、税金を少なくしようとする操作を「逆粉飾」と呼ぶこともあります。このような操作を行うと脱税行為として逮捕される場合もあります。

Check*!*

- 決算書にウソを書くことを「粉飾決算」と呼ぶ
- 粉飾した決算書をもとに融資を受けた場合、
  詐欺罪など刑事罰の対象になる

会社の運転資金が足りない。
でも、赤字だとお金を借りられないな。
決算書にウソを書いちゃおう

黒字なのに
赤字に見せかけたり、
赤字なのに
黒字に見せかけたりする
操作を粉飾決算と
いいます

▼ 粉飾決算をすると…

本当は赤字なのに、
ウソを書いて
融資を受けましたね？

ばれたか

逮捕するぞ

粉飾決算を行うことは
犯罪行為にあたります

一歩進んだ会計の知識

　会計は、会社の業績や財務状況を報告することです。それを数値に置き換えて帳簿をつけることを「簿記」といいます。

　この簿記には、「単式簿記」と「複式簿記」があります。

　このうち「単式簿記」は、簡単にいうと収支のみを記録します。おこづかい帳や家計簿は、単式簿記だというわけです。

　一方、「複式簿記」は、取引を複数の科目で記入する方法です。「複式簿記」には、「借方」と「貸方」の2面があり、左側に「借方」、右側に「貸方」を記入し、左右は必ず同じ額になることが原則です。

　これは、ひとつの取引について、お金の動きを2面から記録するため、現金が増えたときは「借方(左側)」に科目と金額を、減ったときは「貸方(右側)」に科目と金額を記入します。

　この段階では、複式簿記について詳しく知る必要はありません。ただし、2面から見る、複眼的に見るという考え方を、知っておいていただければと思います。

複式簿記

現金300万円で事業を始めるにあたり、
200万円は銀行から借り入れ、100万円は自分で用意した資本金の場合

借方		貸方	
現金	3,000,000	借入金	2,000,000
		資本金	1,000,000

左側には現金が増えたこと、右側にはその発生原因を記入します。そして借方と貸方の金額は必ず一致します。

「損益計算書（P/L）」の基礎をマスターしよう！

「損益計算書（P/L）」は、
いわば会社にとっての「成績表」です。
5つの「利益」で、儲かっている会社かどうかを
しっかりチェックしましょう

「損益計算書(P/L)」を見れば、
その会社が儲かっているか
どうかがわかります！

ウチの会社は
大丈夫かしら？

1年間の会社の「成績表」
その会社がいくら稼いだかがわかる

A社 ● 損益計算書（抜粋）

（単位：百万円）

売上高	**156,527**
売上原価	56,277
売上総利益	**100,250**
販売費及び一般管理費	90,651
営業利益	**9,599**
営業外収益	344
営業外費用	212
経常利益	**9,731**
特別利益	16
特別損失	2,394
税引前当期純利益	**7,443**
法人税、住民税及び事業税	3,148
法人税等調整額	▲685
当期純利益	**4,980**

1年間で
いくら売り
上げたか

売上高（収益）を得る過程で、どんなお金（費用）がどのくらいかかって、いくら儲かったのかが一目でわかる

1年間で
いくら
儲かったか

1565億2700万円売り上げて、49億8000万円儲かった

Check!

- 損益計算書には売上から費用を引いて
  最終的にどれだけ利益が出たかが書かれている
- 売上を得るのにかかった費用もわかる

損益計算書で、その会社のムダ使いも明らかに！

損益計算書（P/L）は、1年間の収益（売上高）とかかった費用から、どのくらい利益をあげたのか、あるいはどのくらい損をしたのかを表す、その会社の「成績表」です。いくら稼いで、そのためにどのくらい費用を使い、最終的に利益がいくら残ったのかを示しています。つまり、損益計算書を見れば。その会社がどうやって儲けているのかや、どんなムダ遣いをしたのかがわかります。

A社とB社は、同業種の会社の損益計算書です。ぱっと見ただけでも、どちらの会社の成績がいいのか、成績がよくない会社はどこに理由があるのかが、なんとなくわかりますよね。

B社 ● 損益計算書（抜粋）

（単位：百万円）

	前期
売上高	**6,875**
売上原価	2,071
売上総利益	**4,804**
販売費及び一般管理費	5,013
営業利益	**▲209**
営業外収益	85
営業外費用	80
経常利益	**▲203**
特別利益	37
特別損失	250
税引前当期純利益	▲415
法人税、住民税及び事業税	25
法人税等調整額	13
当期純利益	▲454

おやっ、A社と違って、下の数字のほうが大きいぞ

あっ、損をしている！

68億7500万円売り上げて、4億5400万円損をした

※「▲」はマイナスを示す

見るべきポイントは「収益」「費用」「利益」の3つ

▼ 損益計算書のしくみ

| 売上高（収益） | － | 費用 | ＝ | 利益 |

損益計算書は「売上高（収益）」
「費用」「利益」で構成されています。
そして、「売上高（収益）」から
「費用」を引いて「利益」を計算します

損益計算書の要素は3つだけ！

　損益計算書を構成する要素は、モノやサービスを売って得る「売上高（収益）」、収益を得るためにかかった「費用」、「売上高（収益）」から「費用」を引いて最終的に残った「利益」の3つです。

　損益計算書の構成は、「売上高（収益）」－「費用」＝「利益」というかたちになっています。なお、「売上高（収益）」から「費用」を引いた結果がプラスならば「利益」が出ますが、マイナスになる場合には「損失」が出ることになります。

A社 ● 損益計算書（抜粋）

（単位：百万円）

売上高	**156,527**
売上原価	56,277
売上総利益	**100,250**
販売費及び一般管理費	90,651
営業利益	**9,599**
営業外収益	344
営業外費用	212
経常利益	**9,731**
特別利益	16
特別損失	2,394
税引前当期純利益	**7,443**
法人税、住民税及び事業税	3,148
法人税等調整額	▲685
当期純利益	**4,980**

	収益
	費用
	利益

損益計算書は
「足し算」と「引き算」ができれば
読めますよ

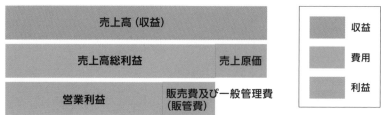

▼ 損益計算書の5つの利益

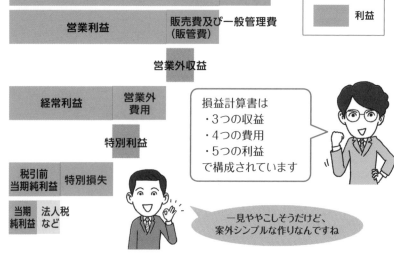

損益計算書は
・3つの収益
・4つの費用
・5つの利益
で構成されています

一見ややこしそうだけど、案外シンプルな作りなんですね

損益計算書の「利益」は5つある

　損益計算書には、「売上総利益」「営業利益」「経常利益」「税引前当期純利益」「当期純利益」の5つの利益があります。

　5つの利益のうち「売上総利益」から「税引前当期純利益」は、いわば、成績表の「観点」や「評価項目」にあたるもの。例えば、「国語」なら「国語への関心・意欲」「話す・聞く能力」「読む能力」「書く能力」などの「観点」があり、それぞれに対する評価を表したものといえるでしょう。そして、「観点」の評価から総合的に判断した「国語」への評価が「当期純利益」にあたります。

収益と費用、利益の関係を理解しよう

損益計算書では、下の図のように売上高（収益）や利益から、それぞれに費用を引いたり、収益を足したりして5つある利益を計算します。5つに分けることによって、どの段階で、どんな費用が、どのくらいかかったのかなどがわかるため、どこをどう改善すればその企業の成績（業績）がよくなりそうかなどを考えることにも役立ちます。

▼ 5つの利益と収益、費用の関係

A社 ● 損益計算書（抜粋） （単位：百万円）

売上高	156,527
売上原価	56,277
売上総利益	100,250
販売費及び一般管理費	90,651
営業利益	9,599
営業外収益	344
営業外費用	212
経常利益	9,731
特別利益	16
特別損失	2,394
税引前当期純利益	7,443
法人税、住民税及び事業税	3,148
法人税等調整額	▲685
当期純利益	4,980

損益計算書の計算方法

売上高
● 売上原価
● 売上総利益
● 販売費及び一般管理費
● 営業利益
● 営業外収益
● 営業外費用
● 経常利益
● 特別利益
● 特別損失
● 税引前当期純利益
● 法人税、住民税及び事業税
● 法人税等調整額
● 当期純利益

売上総利益 売上高からモノを作ったり、サービスを提供したりする費用を引いて計算
営業利益 売上総利益から営業活動をするための費用を引いて計算
経常利益 営業利益にお金や土地の貸し借りで受け取った利息や支払った利息などを反映して計算
税引前当期純利益 土地や株を売って得た利益や災害で失ったお金など、その期に限って出入りのあったお金も反映して計算
当期純利益 税引前当期純利益から法人税や住民税などを引いて残った最終的な儲け

39

「売上高」はモノを売ったり
サービスを提供して得る収益

▼ 「売上高」はその会社の事業の規模を表している

A社 ● 損益計算書（抜粋） （単位：百万円）

売上高	**156,527**
売上原価	56,277
売上総利益	**100,250**
販売費及び一般管理費	90,651
営業利益	**9,599**
営業外収益	344
営業外費用	212
経常利益	**9,731**
特別利益	16
特別損失	2,394
税引前当期純利益	**7,443**
法人税、住民税及び事業税	3,148
法人税等調整額	▲685
当期純利益	**4,980**

その年だけを見るのではなく、
過去と比較することが大切！

過去3期分程度の
「売上高」を比較
して、どう変化
しているかを知る
ことが大切です

	今期	前期	前々期
売上高	156,527	154,063	148,306
売上高伸び率	1.60%	3.88%	2.31%

毎年、「売上高」が
増えている！
ちゃんと
成長しているな

Check !

- 「売上高」はモノを売ったりサービスを提供することで得られる5つある「利益」のもとになるもの
- その企業の事業規模を表している

「売上高」が伸びているなら事業の規模が拡大している！

「売上高」は、会社がモノを売ったりサービスを提供して稼いだお金の合計で、その企業の事業規模を表します。例えば、日本を代表する自動車メーカーであるトヨタ自動車の2019年3月期の「売上高」は30.23兆円です。同じ自動車メーカーである日産自動車は11.95兆円、本田技研工業は15.36兆円、マツダは3.4兆円となっています。「売上高」を見ると、規模の違いがわかりますね。

「売上高」は変化を見ることが大切

図のＡ社にように「売上高」が毎期（毎年）増えている企業は、順調に成長している企業といえます。一方、Ｂ社のようにう「売上高」が減少している企業は、ビジネスがうまくいっていません。

このように「売上高」は、その年だけでなく、過去３年分くらいを比較することが大切です。その際、金額だけでなく、どのくらい増えているかを割合（パーセンテージ）で見ることがポイントになります。

ちなみに、前期（前の年）に比べて「売上高」がどのくらい伸びているかを表す指標を「売上高伸び率」と呼びます。

▼ B社は売上高が年々減っていた…

	今期	前期	前々期
売上高	6,875	7,250	7,890
売上高伸び率	▲5.17%	▲8.11%	▲9.05%

B社は年々、「売上高」が減っているよ

「売上高（収益）」が伸びることを「増収」、減ることを「減収」と呼びます

4 損益計算書のしくみ ── 利益1

「売上総利益（粗利）」は「売上高」から「売上原価」を引いた利益

「売上総利益」は商品の付加価値を表す

　5つある「利益」の1つめは、「売上総利益」です。モノを売ったりサービスを提供するには、商品を仕入れたり、材料を買って製造する必要があります。そのためにかかった費用のことを「売上原価」と呼び、「売上高」から「売上原価」（54ページ参照）を引いた利益を「売上総利益」といいます。ちなみに「売上総利益」のことを「粗利（あらり）」とも呼びます。

売上総利益（粗利） ＝ **売上高（収益）** － **売上原価**

A社 ● 損益計算書（抜粋）　　（単位：百万円）

売上高	**156,527**
売上原価	56,277
売上総利益	**100,250**
販売費及び一般管理費	90,651
営業利益	**9,599**
営業外収益	344
営業外費用	212
経常利益	**9,731**
特別利益	16
特別損失	2,394
税引前当期純利益	**7,443**
法人税、住民税及び事業税	3,148
法人税等調整額	▲685
当期純利益	**4,980**

付加価値を高めれば「売上総利益」は増やせる！

「売上総利益」は、「売上高−売上原価」で計算されることから、「売上高」を増やすか、「売上原価」を減らすことができれば、増やすことが可能です。

　ただし、商品やサービスの価格を上げただけで「売上高」を増やせるとは限りません。ライバル会社が同様の製品やサービスを安い値段で提供したなら、消費者はそちらを買うかもしれないからです。
「売上総利益」を増やすには、例えば、商品を安く仕入れる、材料費を抑える、その会社にしか作れない付加価値の高い商品を開発する、今までよりも売上数を増やすなどが考えられます。

　なお、「売上総利益」は、「売上高」から「売上原価」だけを引いて計算されるため、商品の付加価値を示すことにもなります。ここから、「売上高」に対する「売上総利益」の割合が高い会社は、付加価値の高いモノやサービスを提供している、競争力の高い会社ともいえるでしょう。

▼「売上純利益」を増やす方法とは？

材料費を下げる	付加価値を高める	大量に売る
安い価格で仕入れる	他社にはマネできない商品を開発して、高い価格で売る	今までよりもたくさんの数を売る

「売上総利益」を増やす方法には上のようなものがあります

「営業利益」を見れば本業が うまくいっているかどうかがわかる

「営業利益」は本業での稼ぐ力を表す

「営業利益」は、その企業が本業でどのくらい稼ぐことができているのかを表しています。要するに、この利益を見れば本業が順調かどうかがわかるといえるでしょう。その意味では、5つある利益のなかでもっとも重要な項目といっていいかもしれません。

A社● 損益計算書（抜粋） （単位：百万円）

売上高	**156,527**
売上原価	56,277
売上総利益	**100,250**
販売費及び一般管理費	90,651
営業利益	**9,599**
営業外収益	344
営業外費用	212
経常利益	**9,731**
特別利益	16
特別損失	2,394
税引前当期純利益	**7,443**
法人税、住民税及び事業税	3,148
法人税等調整額	△685
当期純利益	**4,980**

B社● 損益計算書（抜粋） （単位：百万円）

売上高	**6,875**
売上原価	2,071
売上総利益	**4,804**
販売費及び一般管理費	5,013
営業利益	△209
営業外収益	85
営業外費用	80
経常利益	△203
特別利益	37
特別損失	250
税引前当期純利益	△415
法人税、住民税及び事業税	25
法人税等調整額	13
当期純利益	△454

B社は営業利益がマイナスになっている！

Check!

- 「営業利益」で本業が順調かどうかがわかる
- 「売上総利益」から、モノやサービスを提供するのに間接的にかかる費用を引いて計算される

販管費がかかりすぎて、本業が儲かっていないんですね。

「売上総利益」−「販管費」で「営業利益」を計算

　どんなに魅力的な商品を開発しても、それを消費者が知り、買ってくれなければ売上にはつながりません。そこで、会社は自社の商品やサービスの宣伝をしたり、営業担当者が売り込みをしたりすることが必要になります。

　このように、商品を販売する営業活動にかかる費用や、商品や組織の管理をするのにかかる費用などの販売部門や管理部門で発生した費用のことを「販売費及び一般管理費（販管費）」と呼びます。

「営業利益」がマイナスなら儲かるしくみができていない

　B社の損益計算書を見てください。「売上総利益」よりも「販管費」が大きく、「営業利益」がマイナスになっています。この状態を「営業損失」といい、本業で儲かっていないことを表します。「営業利益」がマイナスの場合は、儲かるしくみを作ることが大切です。

営業利益　＝　売上総利益　−　販売費及び一般管理費（販管費）

販売費・管理費の主なもの

給与（人件費） - 社員などに支払う給料
広告宣伝費 —— 商品やサービスの広告宣伝費用など
賃借料 —— オフィスやテナントなどの賃料
通信費 —— 電話代、インターネット代、郵便代など
水道光熱費 —— 水道代やガス代、電気料金など
旅費交通費 —— 営業活動にかかる交通費や宿泊費など
消耗品費 —— 文房具類、電球などの備品の費用
研究開発費 —— 新商品の開発や既存商品の改良にかかる費用
接待交際費 —— 取引先を接待した際の飲食代など
支払保険料 —— 火災保険料など
減価償却費 —— 固定資産の価値の減少分
法定福利費 —— 会社負担の社会保険料など

Point!

「経常利益」には 資産運用の収益や支払利息などの 本業以外の費用も含まれる

A社 ● 損益計算書（抜粋） （単位：百万円）

売上高	156,527
売上原価	56,277
売上総利益	100,250
販売費及び一般管理費	90,651
営業利益	9,599
営業外収益	344
営業外費用	212
経常利益	9,731
特別利益	16
特別損失	2,394
税引前当期純利益	7,443
法人税、住民税及び事業税	3,148
法人税等調整額	▲685
当期純利益	4,980

営業外収益

預金や貸付金の利息、保有する株式の配当金、（本業が不動産業以外の企業での）不動産収入など

営業外費用

借入金の支払い利息、（社債を発行している場合）社債利息、株式など有価証券の売却損など

経常利益 ＝ **営業利益** ＋ **営業外収益** － **営業外費用**

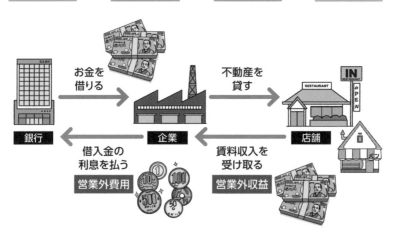

事業以外の財務活動での損益を反映した利益

　「経常利益」は、本業の利益である「営業利益」に、本業以外で得た「営業外収益」を足したり、本業以外にかかった費用である「営業外費用」を引いたりして計算される利益です。

　「経常利益」の「経常」は、会社が毎期、継続的に繰り返す経常的な財務活動の結果として得られる利益といえます。その意味では、安定的、継続的に利益を生む能力がある会社かを判断する材料になるでしょう。

　ちなみに、「営業外収益」には、預金の利息や保有する株式の配当金、不動産収入（本業が不動産業でない企業の場合）といった資産運用で得た収益などがあたります。また、「営業外費用」には、借入金の支払利息や株式の売却損などが該当します。

「経常利益」で資金管理が順調かどうかがわかる

　「営業外収益」は、企業が余裕資金を運用して得た収益など、財務活動によって得た収益です。一方、資金が不足している場合には、銀行からの借入をし、支払い利息が「営業外費用」に計上されます。

　借入金の支払いに追われる企業の場合、「経常利益」が悪化する傾向があります。

Check!

- 「経常利益」で会社の資金管理の良しあしがわかる
- 借入金が多すぎて利息の支払いに追われている会社は「経常利益」が悪化する傾向がある

「税引前当期純利益」は 想定外の損益も反映した利益

特別利益や特別損失は
一時的な要因で生じた利益や損失です

A社 ● 損益計算書（抜粋）

（単位：百万円）

売上高	156,527
売上原価	56,277
売上総利益	100,250
販売費及び一般管理費	90,651
営業利益	9,599
営業外収益	344
営業外費用	212
経常利益	9,731
特別利益	16
特別損失	2,394
税引前当期純利益	7,443
法人税、住民税及び事業税	3,148
法人税等調整額	△685
当期純利益	4,980

特別利益

一時的、偶発的に本業とは無関係
に発生した利益
固定資産売却益、長期保有してい
た株式の売却益など

特別損失

一時的、偶発的に本業とは無関係
に発生した損失
災害や火災、盗難による損失や貸し
倒れなど

$$\underset{\text{当期純利益}}{\text{税引前}} = \underset{\text{利益}}{\text{経常}} + \underset{\text{利益}}{\text{特別}} - \underset{\text{損失}}{\text{特別}}$$

Check!

- 想定外の出来事や一時的な要因で生じた利益を「特別利益」、
  同様の理由で被った損失を「特別損失」と呼ぶ
- この2つが大きすぎる場合は、要因をチェックしよう

「経常利益」から一時的な収益や損失を差し引く

　企業は、永遠に続く前提で運営されるものですが、時には自然災害などで事業をストップせざるをえなかったり、取引先企業が倒産して資金を回収できなくなったりするかもしれません。また、土地や工場などの不動産を売却したことで、利益を得ることもあるでしょう。

　こういった想定外の出来事や一時的な要因によって生じた利益を「特別利益」、被った損失を「特別損失」といい、「経常利益」に「特別利益」や「特別損失」を加味したものを「税引前当期純利益」と呼びます。

「経常利益」との差が大きい場合は要確認

「税引前当期純利益」は、読んで字のごとく税金を差し引く前の利益で、その会社に課税される法人税などを計算するもとになります。「経常利益」と「税引前当期純利益」の差が大きい場合は、突発的な利益や損失が発生した可能性があると考え、何が起きたのかをチェックしたほうがいいかもしれません。ただし、「特別利益」や「特別損失」は、通常は発生しない利益や損失です。「特別利益」が大きくても業績がよくなったわけではありません。

「当期純利益」を見れば1年間に どれだけ儲かったかがわかる

A社●損益計算書（抜粋） （単位：百万円）

売上高	156,527
売上原価	56,277
売上総利益	100,250
販売費及び一般管理費	90,651
営業利益	9,599
営業外収益	344
営業外費用	212
経常利益	9,731
特別利益	16
特別損失	2,394
税引前当期純利益	7,443
法人税、住民税及び事業税	3,148
法人税等調整額	▲685
当期純利益	4,980

当期純利益は
会社が1年間に
儲けた
最終的な成果です

当期純利益	**=**	税引前当期純利益	**−**	法人税 などの税金

その年だけを見るのではなく、過去と比較することが大切！

	今期	前期	前々期
当期純利益	4,980	5,074	7,496
当期純利益伸び率	▲1.85%	▲32.31%	36.17%

売上高は伸びていたけれど
当期純利益は減っているね

1年間の最終的な利益

　5つある利益の5つ目は、「当期純利益」です。これは、売上高からさまざまな費用や損失、利益を差し引いた、その会社が1年間に儲けた最終的な成果になります。

「税引前当期純利益」から法人税などの税金を差し引いて計算され、最終的に残る利益なので「最終利益」と呼ばれることもあります。

変化率を見ることが大切

「当期純利益」もその年だけを見るのではなく、過去3年分くらいを比較し、変化の様子を見たり、前年との変化を割合（パーセンテージ）でチェックすることが大切です。これを「経年比較」といいます。

　なお、「当期純利益」は、「株主に帰属する当期純利益」とも呼ばれるように、その会社の株式を保有する株主にとってもっとも重要な利益でもあるのです。

Check!

- 「当期純利益」で1年間にどれだけ儲かったかがわかる
- 「税引前当期純利益」から法人税などの税金を引いて計算される

同業2社の損益計算書を見てみよう

33期連続増収増益の絶好調企業！

損益計算書は、過去の数字と比較することはもちろん、同業他社と比べて、その会社の業績がどうなのかを知ることも重要になります。

下の図は、家具やインテリアの企画、販売を行うニトリの親会社であるニトリホールディングスの損益計算書（抜粋）です。同社は33期（33年）連続で、「売上高（収益）」も「当期純利益」も伸びていて、「増収増益」を続けている超優良企業です。見てのとおり、「売上高」も、

同業2社の損益計算書を比較してみよう

▼ ニトリホールディングスの 損益計算書（抜粋）

（単位：億円）

	2019年2月期	2018年2月期	2017年2月期
売上高	6,081	5,720	5,129
売上総利益	3,314	3,147	2,782
販売管理費	2,306	2,214	1,924
営業利益	1,007	933	857
経常利益	1,030	948	875
当期純利益	681	642	599

売上高も営業利益も
当期純利益も
順調に伸びているね！

本業の儲けを表す「営業利益」も、1年間の最終的な稼ぎを表す「当期純利益」も順調に増え続けています。

売上高が減少し、営業利益の赤字が拡大

　下の図は、経営不振が続く大塚家具の損益計算書（抜粋）です。「売上高」が減少していることに加え、本業の儲けを表す「営業利益」の赤字も増えています。

　「営業利益」の減少につながる「販売管理費」を減らすなどの努力を続けているものの、「当期純利益」の赤字もまだ大きく、状況は厳しそうです。

▼ 大塚家具の 損益計算書 (抜粋)

（単位：百万円）

	2018年12月期	2017年12月期	2016年12月期
売上高	37,388	41,079	46,307
売上総利益	16,557	20,942	24,720
販売管理費	21,726	26,078	29,318
営業利益	▲5,168	▲5,136	▲4,597
経常利益	▲5,313	▲5,144	▲4,436
当期純利益	▲3,240	▲7,259	▲4,567

当期純利益の赤字幅は小さくなったけれど、売上高が減り、営業利益の赤字幅が大きくなっている

10 損益計算書のしくみ ― 費用1

「売上原価」は商品を作るのに かかった費用

▼ 「売上原価」に含まれるもの

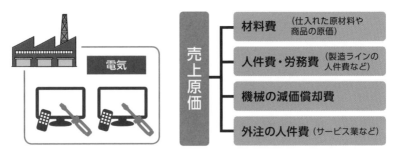

売上原価
- 材料費（仕入れた原材料や商品の原価）
- 人件費・労務費（製造ラインの人件費など）
- 機械の減価償却費
- 外注の人件費（サービス業など）

1年間に売れた商品にかかったコスト

　損益計算書では、商品を作ったり、売ったりするのにかかる「費用」も重要なチェック項目です。そのひとつである「売上原価」について、詳しく説明しておきましょう。

　すでに説明したように、「売上原価」は、商品を作るのにかかったお金（費用）です。その期（1年間）に売れたモノやサービスのすべての「売上原価」を合計した金額を損益計算書に書き込みます。

　ポイントは、モノやサービスが「実際に売れた段階」で計上される（計算のなかに入れる）こと。実際に売れた分についてのみ、商品を作ったり、材料などの仕入れにかかった費用を損益計算書に反映できる決まりになっています。裏を返せば、売れ残った商品などの原価は、「売上原価」には含まれません。これを専門用語で、「費用収益対応の原則」と呼んでいます。

業種によって「売上原価」に入るものが異なる

「売上原価」は、製造業や小売り業、サービス業などの業種によって含めるものの範囲が異なります。

例えば、製造業の場合は、工場で製品を作るのに必要な材料費のほか、工場を稼働させるのにかかる電気代や水道代などの経費、工場で働く人の給料である人件費などが「売上原価」に含まれます。

システム開発などの場合には、開発を外部の人に頼んだとすると、その人件費も「売上原価」に計上されます。

ただし、自分の会社の管理部門の社員の人件費は、「売上原価」ではなく「販売費及び一般管理費」に該当します。

▼「売上原価」は、
　実際に売れたものを作るのにかかった費用だけを計上する

テレビ
販売価格 40万円
売上原価 10万円

1年間に売れたテレビ

売上原価を計上できる

10万円×6台＝60万円を
「売上原価」として計算に含める

売れなかったテレビ＝在庫

売上原価に計上できない

10万円×3台＝30万円は
「売上原価」に含めない

費用には「変動費」と「固定費」がある

▼ 固定費と変動費

固定費	変動費
売上高にかかわりなく一定額がかかる費用	売上高の増減で変動する費用
販売費及び一般管理費（給料、地代家賃、水道光熱費、接待費、広告宣伝費、リース料、原価償却費など）	売上原価（仕入原価、材料費など）、販売手数料、消耗品費など

長期休業中
固定費がかかる

休業中でも工場や店舗の賃料や従業員の給料など一定額がかかります

長期休業中
変動費はかからない

工場や店舗が稼働していなければ、材料や商品を仕入れる必要がなく、費用も発生しません

「固定費」は売上高の増減にかかわらず発生する

「固定費」は、売上高に関係なく一定額がかかる費用のことです。会社が事業を営むうえでは、たとえ製造や販売などの事業がストップしているときでも、工場や事務所の賃料、従業員の給料などの支払いが発生します。また、常に一定額がかかる固定費は、減らすことが難しいため、売上高が減少したような場合には、利益を減らすことにつながってしまいます。

　このため、例えば、給料に成果主義を導入したり、ボーナスを業績連動にして人件費を変動費化したり、生産を外部に委託して工場の維持費を削減するなどの動きも出ています。

「変動費」は、売上高に伴って変動する

「変動費」は、「売上高」の増減に比例して変動する費用です。製造や販売などの事業がストップした場合は、発生しません。「変動費」には、仕入原価や材料費などの「売上原価」が該当します。また、販売手数料や消耗品費のほか、製造業の場合には材料費や労務費、外注費なども「変動費」になります。

12 損益計算書のしくみ ― 費用3

費用はヒト・モノ・カネにかかる！

▼ ヒト・モノ・カネにかかる費用

ヒトにかかる費用	商品を作る人 ── 売上原価
	商品を売る人 ── 販管費
モノにかかる費用	材料費 ── 売上原価
	広告宣伝費 ── 販管費
	工場の賃料 ── 売上原価
	事務所の賃料 ── 販管費
カネにかかる費用	支払利息 ── 営業外費用

「売上」があれば必ず費用が発生する

　会社が「売上」を伸ばすには、モノを作って売ったりサービスを提供したりすることが必要ですから、必ず費用がかかります。その費用は、ヒト・モノ・カネにかかります。

　このうち、ヒトにかかる費用が人件費ですが、工場で働く人の給与は「売上原価」として計上される一方で、本社の営業部門や管理部門などで働く人の給与は「販売費及び一般管理費（販管費）」になります。

　モノにかかる費用も、商品を作る段階でかかる費用は「売上原価」、事務所や店舗などの販売や管理にかかる費用は「販管費」です。カネにかかる費用には、借入金の利子などがあります。

13 損益計算書でこんなこともわかる──1

「売上総利益」と「営業利益」で経営状態が丸わかり

「売上総利益」も「営業利益」も高い会社は儲かっている

　売った段階の利益を表す「売上総利益(粗利)」と本業の儲けを表す「営業利益」。この２つの利益を組み合わせることで、その会社の経営がうまくいっているかどうかがわかります。

　すでに説明したように、「売上総利益」は「売上高－売上原価」で計算され、これが多い会社は、原価率が低く付加価値の高い商品を作っていると考えられます。

　一方、「営業利益」は「売上総利益－販管費」で計算され、これが多い会社は本業が儲かっていて、「販売費及び一般管理費」も適度に抑えられているといえます。

　ただし、「売上総利益」も「営業利益」も極端に多い会社の場合は、人件費が低すぎたり、取引先に無理な条件で取引を押しつけている可能性があります。

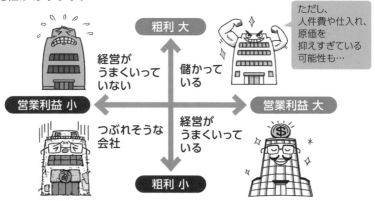

14 損益計算書でこんなこともわかる —2

「営業利益」と「経常利益」から
資金力が見える

「営業利益」と「経常利益」が表すお金の強さ

　本業の儲けを表す「営業利益」と、本業以外の財務活動での損益を反映した「経常利益」という2つの利益を組み合わせて見てみると、その会社の資金面での強さ、つまりお金に強いかどうかがわかります。

　前述のとおり、「営業利益」は「売上総利益－販管費」で計算され、これが多い会社は本業が儲かっていて、販管費も抑えられています。一方、「経常利益」は「営業利益＋営業外収益－営業外費用」で計算します。これが多い会社は、本業以外の財務活動で安定的かつ継続的にお金を儲けることができているといえます。

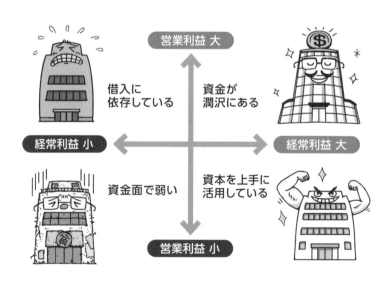

「経常利益」のみ多い会社は資本を有効活用している

「営業利益」も「経常利益」も多い会社は、本業で稼ぐ力に加えて資産運用で儲ける力もあるので、資金面で強い会社といえます。これに対し、「営業利益」は少ないものの、「経常利益」が多い会社は、土地や株式、現金などの資本を有効活用（＝資産運用）して稼ぐ力が強いといえるでしょう。

「営業利益」は多いものの、「経常利益」の少ない会社は、本業で稼ぐ力は大きいものの、資金力がないので借入に依存している可能性があります。創業間もないベンチャー企業などに多く見られるケースです。

どちらも小さい会社は、借入金が多いために利息の支払いが多く、かつ本業でも稼げていない資金面で弱い会社です。

創業
3年目です！

創業間もないベンチャー企業では、
「営業利益」が多く、「経常利益」が少ない
ケースがよく見受けられます

損益計算書は「額」よりも「割合（％）」に注目！「利益率」を知ることが大切

売上と利益の関係（割合）に注目すべし

いきなりですがここで問題です。売上高が1億円で営業利益が300万円のZ社と、売上高が1000万円で営業利益が100万円のY社は、どちらが本業で儲けている会社でしょうか。

営業利益が100万円のY社より、300万円のZ社のほうがよさそうな感じもしますが、答えはY社です。

損益計算書では、利益の「金額」よりも、売上高に対する利益の「割合」に注目することが大切です。売上高に対する利益の割合を「利益率」と呼びます。

Z社のほうが
営業利益が多い。
こっちのほうが
儲かっているな！

Z社	Y社
売上高 　1億円	売上高 1000万円
営業利益 300万円	営業利益 100万円

営業利益率は…

3%　　　　　　**10%**

利益率で比較することが大切！
営業利益率で比べると
Y社のほうが稼ぐ力が高いんです

Check!

● 損益計算書では、
儲けた「額」より「売上高」に対する「割合」（利益率）が重要

● なかでも本業の稼ぐ力を表す「営業利益率」が大切

本業の利益率を表す「営業利益率」が重要

　損益計算書には、利益が５つありました。それぞれを「利益率」で表すと下図のようになります。いずれも利益を売上高で割って計算されます。

　５つの利益率のうち企業分析をするうえで大切なのが、「売上総利益率（粗利率）」と「営業利益率」「当期純利益率」の３つ。なかでも本業での収益性を表す「営業利益率」は、必ずチェックすべき項目です。「営業利益率」は過去の数字と比べて、向上しているのか、それとも低下しているのかを確認したり、同業他社と比べて、そもそもその会社の利益率は高いのかどうかを把握したりするのに役立ちます。

　なお、「営業利益率」は業種によっても異なります。財務省の法人企業統計を見ると、サービス業などの非製造業は３～４％程度、製造業は４～５％程度となっています。

▼ 利益率を表す指標

	計算方法	重要度
売上総利益率（粗利率）	売上総利益 ÷ 売上高 × 100	◯
営業利益率	営業利益 ÷ 売上高 × 100	◎
経常利益率	経常利益 ÷ 売上高 × 100	
税引前当期純利益率	税引前当期純利益 ÷ 売上高 × 100	
当期純利益率	当期純利益 ÷ 売上高 × 100	◯

上場企業の決算書は誰でも見られます

　証券取引所に上場している企業は、投資家が安心して取引できるよう、決算書を公表しなくてはなりません。そのため、会社のウエブサイトで決算書を見ることができます。

　会社のウエブサイトでは、「IR情報」や「個人投資家の方へ」などをクリックすると、決算書を閲覧できるページに移動します。決算書のざっくりとした内容を知るには、「決算説明会資料」を見る方法も。より詳しい決算を知る場合には、「有価証券報告書」をチェックしましょう。

　なお、有価証券報告書などの資料は、EDINETというサイトでも見ることができます。

　上場していない企業の場合には、帝国データバンクや東京商工リサーチといった調査機関が出している企業名鑑などで確認する方法も考えられます。

EDINETのサイトでも見ることができる

EDINET

書類検索

公告閲覧

ここをクリック

表示されたページで、決算書を見たい会社の名前を入れて、「有価証券報告書」にチェックを入れて検索します

「貸借対照表（B/S）」の基礎をマスターしよう！

「貸借対照表（B/S）」は、
会社の健康状態がわかる「診断書」です。
会社にどんな資産や借金があるのか、
倒産の危険はないのかをチェックしましょう。

「貸借対照表（B/S）」では、
会社がつぶれないかどうかが
わかります！

BS…?
衛星放送のこと？

1 貸借対照表ってなに？ どんなことがわかるの？

貸借対照表は「診断書」
健康か不健康かを教えてくれる！

資産の部		負債の部	
流動資産	○○○○	流動負債	○○○○
現金及び預金	○○○○	買掛金	○○○○
受取手形	○○○○	短期借入金	○○○○
売掛金	○○○○	未払金	○○○○
有価証券	○○○○	前受金	○○○○
製品	○○○○	その他	○○○○
原材料	○○○○	固定負債	○○○○
繰延税金資産	○○○○	社債	○○○○
貸倒引当金	○○○○	長期借入金	○○○○
固定資産	○○○○	その他	○○○○
有形固定資産	○○○○	負債合計	○○○○
建物	○○○○	純資産の部	
機械装置	○○○○		
工具器具備品	○○○○	株主資本	○○○○
土地	○○○○	資本金	○○○○
無形固定資産	○○○○	資本剰余金	○○○○
のれん	○○○○	資本剰余準備金	○○○○
ソフトウエア	○○○○	利益剰余金	○○○○
投資その他の資産	○○○○	利益譲与準備金	○○○○
投資有価証券	○○○○	その他利益譲与準備金	○○○○
関係会社株式	○○○○	繰越利益譲与準備金	○○○○
その他	○○○○	評価・換算差額等	○○○○
貸倒引当金	○○○○	少数株主持ち分	○○○○
		純資産合計	○○○○
資産合計	○○○○	負債・純資産合計	○○○○

（その会社の財産）

（会社が支払う義務があるお金）

（支払わなくていいお金）

Check !

- その会社の財産が一目瞭然
- 貸借対照表を見れば会社がつぶれないかどうかがわかる

決算日時点の健康状態が書いてある

　貸借対照表（B/S）は、その会社にどんな財産があって、それをどう使い、そもそもどうやって集めたのかが書かれています。

　書かれているのは、決算日時点の財産です。ですが、私たちの財産が、何年間も節約して貯金をし、積み上げてきたものなのと同じように、これまでの企業活動で積み上げてきた結果が書かれています。

　その意味では、貸借対照表は、日頃の生活習慣や運動習慣が表れる、毎年行われる健康診断の「診断書」に似ています。診断書を見ると現時点の健康状態がわかるように、貸借対照表を見ればその時点（決算日）の会社の健康状態がわかるのです。

▼ 貸借対照表をざっくり説明すると…

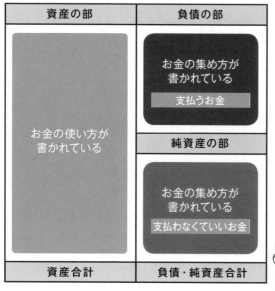

左側は
財産の中身
（お金の使い方）、
右側は
お金の集め方が
書いてあります

集めた
お金には、
支払うお金と
支払わなくていい
お金があるん
ですねー

「現金」と「支払う義務のあるお金」の大きさに注目

　貸借対照表では、左側に会社の財産、右側に支払う義務のあるお金と支払う義務のないお金が書かれています。財産と支払う義務のあるお金、支払う義務のないお金、それぞれの金額の大きさを比べることで、その会社が健康なのか、そうでないのかを簡単に見分けられるのです。

▼　貸借対照表をざっくり説明すると…

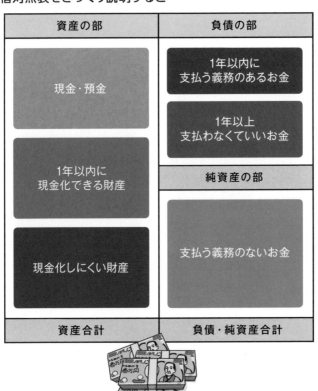

借金より現金が多ければ、健康な状態！

　例えば、Ａ社は支払うお金よりも現金が多いため、経営状態が安定している健康な状態といえます。今後もこの状態をキープできれば、会社がつぶれる心配はないでしょう。

　一方、Ｂ社は、現金がないばかりか、１年以内に支払う義務のあるお金が、１年以内に現金化できる財産よりも多くなっています。お金を支払うには、銀行から借りるか、現金化しにくい財産を売ってお金を用意しなければなりません。いわゆる自転車操業の状態で、万一、お金を借りられなかった場合には、会社が倒産するかもしれません。

A社 ● 会社が健康な状態

現金・預金

1年以内に支払う義務のあるお金

1年以上支払わなくていいお金

1年以内に現金化できる財産

現金化しにくい財産

支払う義務のないお金

おおっ、ここは現金がたくさんあるな

A社のように支払うお金より現金のほうが多い会社は、経営状態が安定しています

B社 ● 会社が不健康な状態

1年以内に現金化できる財産

1年以内に支払う義務のあるお金

現金化しにくい財産

1年以上支払わなくていいお金

支払う義務のないお金

借金が多いなあ…。この会社、大丈夫かな？

B社は1年以内に支払う義務のあるお金を現金では払いきれない状態です。銀行などから借金をしたり、財産を売らないとお金を調達できない自転車操業の状態ですね

貸借対照表は「資産」「負債」「純資産」の3つの箱（要素）でできている

「資産」「負債」「純資産」の箱がある

　貸借対照表は、左側と右側上、右側下の3つの箱（要素）からできています。左側にある箱は「資産の部」、右側上は「負債の部」、右側下は「純資産の部」という箱です。

右側はお金の出どころ、左側はお金をどう使っているか

　3つの箱のうち、左側の「資産の部」には会社の財産が書かれています。ここを見れば、会社がどんな財産を持っているのか、お金をどのように使っているのかがわかります。

　右側は、そのお金をどう集めたのかが書いてあります。右側上の「負債」は借りたお金（支払う義務のあるお金）。右側下の「純資産」は支払う義務のないお金です。

▶ **貸借対照表は、こうなっている!**

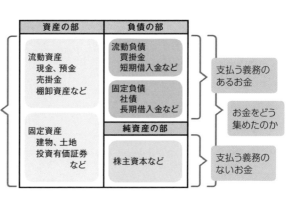

貸借対照表の「1年間」は決算時期で変わる

　貸借対照表には、○年3月31日や○年12月31日などの日付が書かれています。これは、その日が会社の決算日であり、ここに書かれているのは決算日時点での財産であることを示しています。

　決算期は会社によって異なり、貸借対照表や損益計算書がいう「1年間」あるいは「一定期間」とは、「期首」から「期末日」までの1年間を指します。

▼　「一定期間」とは「決算期間」のこと

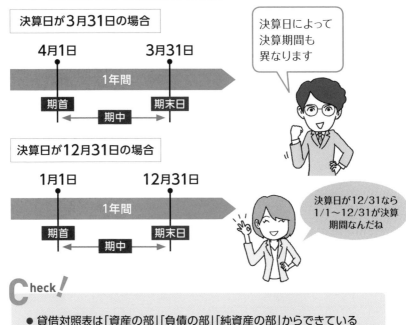

決算日が3月31日の場合

4月1日　　　　　　3月31日

1年間

期首　　期中　　期末日

決算日が12月31日の場合

1月1日　　　　　　12月31日

1年間

期首　　期中　　期末日

決算日によって決算期間も異なります

決算日が12/31なら1/1～12/31が決算期間なんだね

Check!

● 貸借対照表は「資産の部」「負債の部」「純資産の部」からできている
● 左側はお金の使い道、右側はお金の集め方が書いてある

ニトリホールディングスの貸借対照表を見てみよう

　実際の貸借対照表は、どうなっているのかを見てみましょう。これは家具の企画、販売を行うニトリの親会社であるニトリホールディングスの貸借対照表（抜粋）です。

「数字が入ったら、途端に難しくなった…」と思う人もいるかもしれません。でも、大丈夫です。この内容を次ページにわかりやすく図解してみました。

▼ ニトリホールディングスの貸借対照表（抜粋）

2019年2月期末　連結貸借対照表　　　　　　　　　　　（単位：億円）

資産の部		負債の部	
流動資産	2,165	流動負債	950
うち現金及び預金	1,023	うち買掛金	209
うち棚卸資産	629	うち短期借入金	26
固定資産	4,027	固定負債	240
うち有形固定資産	3,020	うち長期借入金	60
うち無形固定資産	188		
		負債合計	1,190
		純資産の部	
		純資産合計	5,001
資産合計	6,192	負債・純資産合計	6,192

どんな財産を持っているか（お金をどう使っているか）

どうやってお金を集めたのか

現金とすぐ現金化できる財産、支払う義務のないお金が多い！

　貸借対照表を「資産の部」の「流動資産」「固定資産」、「負債の部」「純資産の部」ごとに金額を合計し、それを「現金・預金」「1年以内に現金化できる財産」「現金化しにくい財産」、「支払う義務のあるお金」「支払う義務のないお金」に分けてイラストで表現してみました。

　こうすると一目で「現金・預金や1年以内に現金化できる財産と、支払う義務のないお金が多い会社だな」とわかり、「経営が安定していてつぶれる心配もなさそうだ」と理解できますよね。

　どう見ればいいのかがわかれば、貸借対照表だって恐るるに足らずです。

▼ ニトリホールディングスの貸借対照表を金額の大きさで図解すると…

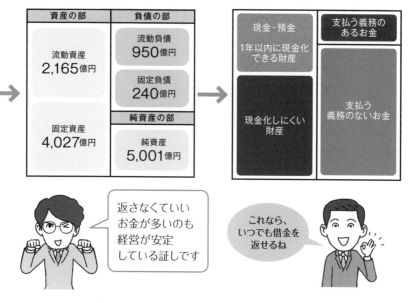

貸借対照表は右と左の合計金額が一致する

　貸借対照表のことを英語でバランスシート（Balance Sheet)とい
い、「B/S」と表記されることがあります。バランスシートと呼ぶのは、
表の左側（資産）の合計金額と、右側（負債及び純資産）の合計金額
が必ず一致する、つまりバランスが取れているからです。

▼ **ニトリホールディングス**　2019年2月期末　連結貸借対照表（抜粋）（単位：億円）

資産の部		負債の部	
流動資産	2,165	流動負債	950
うち現金及び預金	1,023	うち買掛金	209
うち棚卸資産	629	うち短期借入金	26
固定資産	4,027	固定負債	240
うち有形固定資産	3,020	うち長期借入金	60
うち無形固定資産	188		
		負債合計	1,190
		純資産の部	
		純資産合計	5,001
資産合計	6,192	負債・純資産合計	6,192

一致する

▼ **ファーストリテイリング**　2019年8月期　連結貸借対照表（抜粋）　（単位：百万円）

資産の部		負債の部	
流動資産		流動負債	
流動資産合計	1,638,174	流動負債債合計	476,658
非流動資産		固定負債	
非流動資産合計	372,384	固定負債合計	550,365
		負債合計	1,027,024
		資本の部	
		資本合計	983,534
資産合計	2,010,558	負債・純資産合計	2,010,558

一致する

左は現金化しやすいもの、右側は早く支払うものが上にくる

　貸借対照表は、左側に財産（使い道）、右側にお金の集め方が書いてあると説明しました。それぞれの箱をよく見ると、左は上に「流動資産」、右は上に「流動負債」と書かれています。

　経済や金融の世界では、換金のしやすさを「流動性」といいます。ここから「流動資産」は1年以内に現金化できる資産、「流動負債」は1年以内に支払う負債（＝早く支払期限がくる負債）を指します。これに対し、「固定資産」は換金しにくい資産、「固定負債」は支払期限まで1年以上ある負債です。

　貸借対照表では、流動性の高いものが上に、流動性の低いものが下に書かれています。

▼ 貸借対照表は、こうなっている！

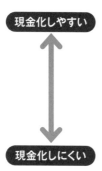

資産の部	負債の部
流動資産 現金、預金 売掛金 棚卸資産な	流動負債 買掛金 短期借入金など
	固定負債 社債 長期借入金など
固定資産 建物、土地 投資有価証券 など	純資産の部
	株主資本など

現金化しやすい ↕ 現金化しにくい

早く支払う ↕ ゆっくり支払う

支払わなくていいお金

「流動性」とは換金のしやすさのこと。左は現金化しやすいものが上、右は早く支払うものが上に書いてあります

土地や建物はすぐには売れないからなあ。っていうか、会社の建物がなくなったら、どうすりゃいいんだ…

貸借対照表は
「形」で健康状態がわかる

現金・預金 ＞ 流動負債＋固定負債

現金で負債を
すべてカバー
できてる！

現金がたくさんあると、株主から「新商品開発などに投資して、会社を成長
させろ」「配当金をもっとたくさん払え」などと要求されることもあります

現金・預金で負債をすべてカバーできる

「現金・預金」の金額が、「負債（流動負債＋固定負債）」の金額よ
りも多く、現金と預金で、今ある負債をすべて返済することができる
状態です。

「現金・預金」で「負債」をカバーできるため、実質的には無借金
の状態ともいえるでしょう。会社の財務状態は非常に健康です。

ただし、株主から大量の現金の使い道について、「会社を成長させ
るために使え」とか「配当金を増やせ」と言われる可能性もあります。

会社の成長も財務の健全性も目指している会社

現金・預金＋流動資産 ＞ 流動負債＋固定負債

現金より
負債のほうが
多いけど、
大丈夫なの？

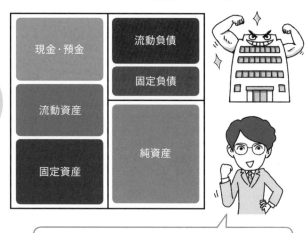

固定負債は、ゆっくり支払いができる負債なので、
流動資産でカバーできます

1年以内に負債を返せる

「現金・預金」と「流動資産」が、「負債（流動負債＋固定負債）」の
金額よりも多い状態です。「現金・預金」だけでは「負債」すべてを
カバーできないものの、すぐに現金化できる「流動資産」を加えれば、
「負債」全体をカバーできます。

　会社を成長させるためには、時に、借金をして研究開発に向けたり、
工場や設備などを新しくすることも必要です。

　貸借対照表がこの形の会社は、会社の成長も財務の健全性も目指し
ているといえるでしょう。

青息吐息で、自転車操業中の会社

流動資産 < 流動負債

おやおや、流動負債が流動資産よりも大きいぞ…

流動資産

流動負債

固定資産

固定負債

純資産

自転車操業中

お金貸してー!

お金を借りるか、固定資産を売るかしないと、1年以内に支払うお金を用意できない状態です

会社の土地や建物を売る必要あり?

1年以内に支払う義務がある「流動負債」を、現金化しやすい「流動資産」が上回っている状態です。この状態では、銀行からお金を借りるか、会社の土地や建物などの「固定資産」を売るなどしてお金を用意し、返済に充てなければなりません。

ただし、お金を借りると負債が増える一方です。「固定資産」を売る場合も、使っていない土地や建物なら売ってお金にすべきですが、工場やオフィスを売ったら、事業に支障が出かねません。とはいえ、今すぐ何かしらの手を打つ必要があることは間違いないでしょう。

資産を全部売っても負債をカバーできない債務超過の状態です。

借金が会社の全財産より多い

「負債」の金額が「資産」の金額を上回って、純資産がマイナスになっている債務超過の状態です。この状態になると、「資産」を全部売ったとしても「負債」をカバーしきれず、借金が残ってしまいます。

しかも、工場やオフィスを売ることは、利益を生む源泉を減らしたり、なくしたりすることですから、お金を稼ぐことがさらに難しくなってしまいます。

さて、あなたの会社の貸借対照表はどの形ですか？　この機会に確認してみましょう。

3-1 貸借対照表のしくみ ── 「資産」の箱

「資産」の箱には 「流動資産」「固定資産」が 入っている

貸借対照表

資産の部	負債の部
流動資産 　現金・預金 　売掛金 　棚卸資産など	流動負債 　買掛金 　短期借入金など
	固定負債 　社債 　長期借入金など
固定資産 　建物、土地 　投資有価証券 　など	純資産の部
	株主資本など

「資産の部」を
わかりやすく解説していきますよ

Check!

- 資産は、その会社の財産。集めたお金をどう使っているかがわかる
- 資産には1年以内に換金できる「流動資産」と
土地や建物など換金しにくい「固定資産」がある

集めたお金が何になったのか
（どう運用されているのか）

資産

流動資産
＝
1年以内に現金化できる

現金・預金
売掛金
棚卸資産など

固定資産
＝
現金化しにくい

土地、建物
設備
機械など

資産は短期のものと長期のものに分けられる

　貸借対照表の「資産の部」は、いわば会社の財産。集めた金をどう使っているかが書かれています。

　その「資産」には、流動性が高く、1年以内に換金（現金化）できる「流動資産」と、事業に必要かつ現金化しにくい「固定資産」があります。前者を「短期の資産」、後者を「長期の資産」と呼ぶこともあります。

流動資産の箱の中身は「当座預金」「棚卸資産」「その他の資産」

流動資産は3つに分けられる

　1年以内に現金化できる「流動資産」は、現金化しやすい順番に、「当座預金」「棚卸資産」「その他の資産」に分けることができます。

　「当座預金」には、「現金・預金」「売掛金」など現金そのものや、すぐに現金化できるもの、「棚卸資産」には販売前の商品や原材料などの在庫、「その他の資産」には未収金や短期貸付金などがあります。

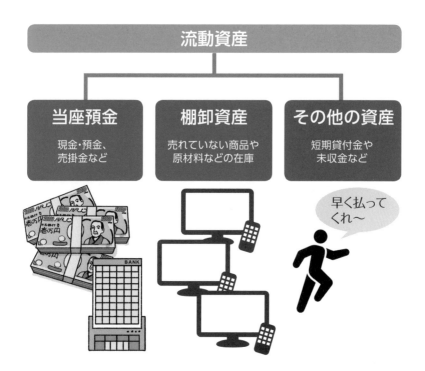

「当座預金」はいちばん現金化しやすい資産

「当座預金」は、現金そのものや、短期間で現金化できる資産です。「現金」のほか、「預金」「受取手形」「売掛金」「有価証券」などがこれにあたります。

「当座預金」が潤沢ということは、当面の支払い能力があるということです。そのため、会社にとっては、お金をどうやって集めればいいかで頭を悩ませる必要がありません。取引する相手にとっても、代金が支払われない心配をしないでよく、安心して取引することができます。

▼ 「当座預金」にあたるもの

現金	通貨（紙幣や硬貨）
預金	銀行に預けているお金。 普通預金や当座預金、満期1年未満の定期預金など
受取手形	商品の売買など取引の決済で受け取った手形。 期限がくればお金をもらえる
売掛金	商品やサービスの代金でまだ受け取っていないもの。 約束の期日に受け取れる
有価証券	1年以内に満期がくる有価証券や、 短期売買目的の株式など

「当座預金」にあたる定期預金は満期1年未満のもの、有価証券は短期売買を目的とした株式などです

「棚卸資産」は商品や材料の在庫

「棚卸資産」は、他社から仕入れた商品や自社の製品、製造に使われる材料などの在庫のことです。このほかにも、自社で製造途中の「仕掛品」や、未使用の消耗品である「所蔵品」、決算日前に注文したものの決算日の時点で届いていない「未着品」、決算日の翌日に売り上げるために決算日に積み込んだ「トラック在庫」などがあります。

棚卸資産とは在庫のこと！

▼「棚卸資産」にあたるもの

商品	他社から仕入れたもの
製品	完成済みの自社製品
原材料	製品を作る原料や材料
仕掛品	自社で製造している途中のもの
所蔵品	未使用の消耗品
未着品	決算日前に注文して、決算日時点で届いていないもの
トラック在庫	決算日翌日に取引先に渡して売り上げるために、決算日に積んだ商品

「棚卸資産」は適正な水準を保つことが大切

　棚卸資産は、少なすぎると、商品や製品が品切れを起こしやすくなり、売上を伸ばすチャンスを逃しかねません。ですが、たくさん持ちすぎると売れ残るリスクがあります。また、在庫を倉庫で保管するための費用などもかかってしまいます。

　棚卸資産は、適正な水準を保つことが非常に大切だといえるのです。

▼ **決算日が3月31日の場合**

4月1日の朝届くの?
到着したら代金を払うよ

3月31日に出荷するので、
4月1日の朝届きます

3月31日時点
では運送中

積み荷は「トラック在庫」

▼ **棚卸資産が少なすぎると…**　　▼ **棚卸資産が多すぎると…**

在庫が
ありません

テレビください！

大特価！ 出血大サービス！
オール80％引き

大損だ…

棚卸資産は適正な水準を
維持することが重要です！

「その他の資産」は１年以内に現金化できる資産

「流動資産」の「その他の資産」には、1年以内に返済してもらえる「短期貸付金」などがあります。ただし返済日までは、現金化することができません。

「短期貸付金」のほかにも、「前払金」や「前払費用」「未収金」「繰延税金資産」などが該当します。

流動資産のうち、「当座預金」や「棚卸資産」ではないもので、金額も重要性も大きくないものがここに入ります。

▼「その他の資産」にあたるもの

短期貸付金	返済期間が1年以内の取引先や仕入れ先などへの貸付金
前払金	商品を受け取る前に支払う手付金や内金など
前払費用	決算日以降に受ける、まだ提供されていないサービス（役務）に対して支払われる費用。 保険料の前払い分や家賃などが該当する
未収金	有価証券の売却代金など本業以外の未回収のお金や、本業でまだ支払いを受けていないものから売掛金を除いたもの
繰延税金資産	決算日以降に支払う法人税などを、 決算日前に支払った税金の前払い分のこと

流動資産のうち、「当座預金」や「棚卸資産」に入らない、金額や重要性が大きくないものが、ここに入ります

Column

ツケで売った代金を
もらえる権利も「財産」

「会社の財産」と聞くと、商品や製品、工場やオフィスビルなどを思い浮かべる人が多いでしょう。

「流動資産」で説明したとおり、現金も財産ですし、株式などの有価証券も財産です。

　さらに、商品などをツケで売った場合に、あとで代金をもらえる権利である「売上債権」など形のないものも財産にあたります。

　ちなみに、「売上債権」には、売ったことを証明する手形がある「受取手形」と、手形のない「売掛金」とがあります。

ワインをツケでください。
来月支払います

未払いのツケが
多すぎるからダメです

「回収できてないツケ」も会社の財産

固定資産の箱の中身は 「建物」「土地」「投資有価証券」

「固定資産」は長く使い続ける資産

「固定資産」は、その会社で使用することを目的に購入され、1年以上使われる、つまり1年以上現金化されることのない、現金化しにくい資産です。転売することを目的に購入された資産ではなく、また、通常の営業活動から生じた資産でもありません。

貸借対照表

流動資産	資産の部	負債の部
・1年以内に現金化される ・通常の営業活動から 生じた資産	流動資産 　現金、預金 　売掛金 　棚卸資産など	流動負債 　買掛金 　短期借入金など
有価証券　現金		固定負債 　社債 　長期借入金など
固定資産	固定資産 　建物、土地 　投資有価証券 　　　など	純資産の部
・1年以上現金化されない （自社で長く使う目的で 購入） ・通常の営業活動から 生じた資産ではない		株主資本など
備品　建物		

Check!

- 「固定資産」は1年以上換金されない財産
- 自社で使う目的で購入され、営業活動で生じた財産ではない

「固定資産」には3種類ある

　「固定資産」は、会社が事業を続けるために必要な資産で、大きく分けると「有形固定資産」「無形固定資産」「投資その他の資産」の3種類があります。

　このうち、「有形固定資産」は目に見え、触れることができる資産です。「無形固定資産」は形はないものの、事業を続けるうえで価値があるもの。「投資その他の資産」は長期保有を前提に持っている投資有価証券などがあたります。

固定資産

有形 固定資産	無形 固定資産	投資その他 の資産
土地、建物、 設備などの 形のあるもの	のれん ソフトウエアなど	長期保有目的の 投資有価証券など

「固定資産」は1年以上現金化されない（現金化しにくい）、自社で使うことを目的に購入される資産です

形があって、長〜く使う「有形固定資産」

「有形固定資産」は、貸借対照表の「固定資産」の項目の一番上に書かれる資産です。名前のとおり、目に見え、形がある資産で、会社が営業活動をするために、長期間にわたって使うことを目的に購入し、保有される資産です。そのため、1年以上換金されることがありません。土地や工場、本社ビル、販売店舗などの建物、パソコンやコピー機などの備品、営業に使う車両など、会社の事業に必要な資産が該当します。

▼「有形固定資産」にあたるもの

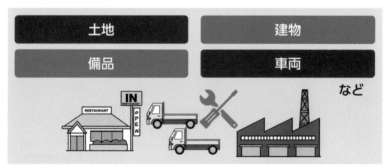

| 土地 | 建物 |
| 備品 | 車両 |

など

▼ 耐用年数の一例

鉄骨鉄筋コンクリート造、鉄筋コンクリート造の事務所	50年
特殊自動車、運送事業用以外の車両・運搬具（ダンプ式貨物自動車）	4年
特殊自動車、運送事業用以外の車両・運搬具（その他のもの）	4年
金属製の事務机、事務いす	15年
パーソナルコンピュータ	4年

耐用年数は
法律によって
品物ごとに期間が
定められています

「有形固定資産」は使用することで価値が減少する

「有形固定資産」は、使用することによって価値が減少していきます。そのため、貸借対照表の金額の欄には、購入したときの原価ではなく、取得原価から減価償却累計額を控除した金額を、現時点の価値として書くことになっています。

　なお、土地のように、使用や時間の経過で価値が減少しないものは、減価償却する資産には含まれず、購入したときの金額をそのまま貸借対照表に書きます。

Column

減価償却とは

　「固定資産」のように長期間にわたって使用する資産は、購入するときに支払った金額を、そのままその年の費用とするのではなく、耐用年数に応じて費用計上します。これを「減価償却」と呼んでいます。

　なお、耐用年数は、その資産を実際に使っている期間ではなく、法律で品物ごとに決められた期間を指します。

目には見えねど、長く使う「無形固定資産」

「無形固定資産」は、形はないものの価値がある資産です。借地権や特許権などの権利やソフトウエアなどが該当します。

また、他社から商品やブランドの権利を買ったり、その会社を買収するときに生まれる「のれん」も無形固定資産です。

▼「無形固定資産」にあたるもの

借地権	土地を借りる権利
特許権	新発明をした人に与えられる独占権
商標権	文字や図形、色彩などの結合体を独占的に使用する権利
意匠権	デザインなどを独占的に使用する権利
著作権	自分が創作した著作物を排他的に支配する権利
実用新案権	ものの形や構造、組み合わせの考案を独占的に支配する権利
のれん代	ブランド力や信用力など、目に見えない企業の収益力
ソフトウエア	会計ソフトや給与ソフトなどパコンで使用するソフトウエア

「のれん」は目に見えない力を発揮するブランド力

「のれん」があることで、他店と同じ商品を扱っていても、他店よりも高い価格で販売する場合もあります。このように「のれん」は、収益を稼ぎ出すブランド力や信用力など、目に見えない力を発揮します。

▼「のれん」はブランド価値

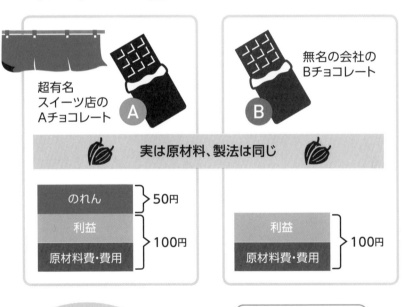

他社を買収した場合などには「のれん代」を計上

　他の会社を買収したときなどには、貸借対照表に「のれん代」が計上されます。これは「のれん」が、会社の営業権といった意味合いで捉えられていることの表れです。なお、「のれん代」は、その会社のブランドイメージや信用力など、目に見えない価値に対してつけられた買収価格になります。

▼ 「のれん」はブランド力を金額として計上するもの

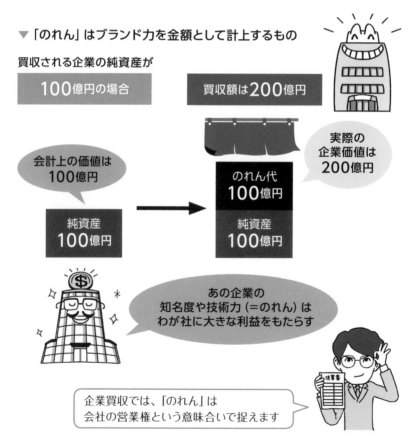

買収される企業の純資産が

100億円の場合

買収額は**200**億円

会計上の価値は
100億円

実際の
企業価値は
200億円

純資産
100億円

のれん代
100億円

純資産
100億円

あの企業の
知名度や技術力（＝のれん）は
わが社に大きな利益をもたらす

企業買収では、「のれん」は
会社の営業権という意味合いで捉えます

「投資その他の資産」にはこんなものがある

「投資その他の資産」には、「有形固定資産」や「無形固定資産」に入らない、1年以上現金化されず、長期にわたって使い続けられる資産が入ります。

　取引先などとお互いに持ち合う「投資有価証券」や、会社を支配するために50%超を保有する「子会社株式」、同様に20%以上50%以下を保有する「関連会社株式」、敷金・保証金、長期貸付金、不渡手形などが該当します。

▼「固定資産」の「投資その他の資産」にあたるもの

投資有価証券	投資目的ではない、1年以上現金化しない株式や社債、国債などの有価証券。取引先と相互に持ち合う株式や、満期まで保有する前提で購入した債券
子会社株式	会社を支配する目的で、発行済株式の50%超を保有する株式
関連会社株式	会社を支配する目的で、発行済株式の20%以上50%以下を保有する株式
出資金	信用金庫などへの出資金
敷金・保証金	工場や事務所などを借りたときに支払うお金
長期貸付金	返済期限が1年以上先の貸付金
不渡手形	満期日になり支払いを求めたにもかかわらず、支払いを拒絶された手形

この3つ以外の有価証券は、「流動資産」の有価証券に計上されます

Column

「資産」の箱の
マメ知識

当座資産と"もの言う株主"の関係

「流動資産」の「当座預金」は、現金や、すぐに現金化できる資産です。この「当座預金」がたくさんある会社は、当面の支配能力に問題がないと考えられるため、つぶれる心配のない会社といえます。

　ただし、「当座預金」のうち現金は、ただ持っているだけでは、毒にも薬にもなりません。そのため、「もの言う株主（アクティビスト）」と呼ばれる人たちから、「新しいビジネスに投資したり、新製品を開発するのにお金を使って、もっと利益を稼いでほしい」

現金いっぱい、実質無借金経営の会社

経営は安定
しているけれども…

現金・預金	流動負債
	固定負債
流動資産	純資産
固定資産	

「もの言う株主」

新しいビジネスや
新規商品開発にもっと
お金をかけなさい！

そんなにたくさん
現金があるなら、もっと
配当金を払いなさい

2019年6月の
株主総会では、
過去最高54件もの
「もの言う株主」
から企業への提案が
あったそうです

とか、「ただ持っている現金を配当金として株主に還元してほしい」などと、要求されることも増えています。

　ちなみに、近頃、日本でも「もの言う株主」の活動が活発になっていて、2019年12月16日の金融メディア「ブルームバーグ」の記事によると、同年6月の株主総会で、株主からの提案が行われた企業の数は、過去最高の54社だったそうです。

「売上債権」から「貸倒引当金」を計算

「流動資産」の「当座資産」にある「売掛金」や「受取手形」を「売上債権」と呼びます。

「売上債権」は、期日がくれば売上代金を受け取ることができます。とはいえ、取引先の資金繰りが悪化するなどして入金がないことが続き、今後も入金が期待できない場合には、「売上債権」を減らさなくてはなりません。このような状況を「貸し倒れ」と呼びます。

　そして、「売上債権」が回収できない場合の損失を抑えるために、「流動資産」にマイナスの資産として「貸倒引当金」を計上します。なお、「貸倒引当金」は、「売上債権」のリスクに応じた適切な比率で計算されます。

あの会社、危なそうだ。
「貸倒引当金」を積んでおこう

4-1 貸借対照表のしくみ ─「負債」の箱

「負債」の箱には
「流動負債」「固定負債」がある

「負債」は支払う義務があるお金

　貸借対照表の右側には、「どうやってお金を集めたか」が書かれています。それが「負債」と「純資産」です。

　このうち、「負債」は必ず支払う義務があるお金です。支払う義務があるお金なので、あまりに多すぎると倒産するリスクがあります。

貸借対照表

資産の部	負債の部
流動資産 　現金、預金 　売掛金 　棚卸資産など	流動負債 　買掛金 　短期借入金など
	固定負債 　社債 　長期借入金など
	純資産の部
固定資産 　建物、土地 　投資有価証券 　　など	株主資本など

どんな財産を
持っているか
（お金をどう
使っているか）

支払う義務の
あるお金

お金をどう
集めたのか

支払う義務の
ないお金

Check!

● 負債は支払う義務があるお金

● 1年以内に支払う「流動負債」と
　1年以上返さなくていい「固定負債」がある

「負債」には2種類ある

「資産の部」では、資産が「流動資産」と「固定資産」の2つに分けられていました。「負債の部」でも同様に負債を「流動負債」と「固定負債」に分けています。

　このうち「流動負債」は、1年以内に支払う義務がある負債、「固定負債」は1年以上返さなくて（支払わなくて）いい負債です。

　ちなみに資産や負債を、現金化や返済期日が1年以内の「流動」と、長期の「固定」に分けるのは、会社の安全性を知るためです。1年以内に支払う義務がある借金より、1年以内に現金化できる資産のほうが少なければ、「また借金をするかも」ということがわかります。

　「流動」資産や負債と「固定」資産や負債のバランスを見ることで、会社の安全性がわかるのです。

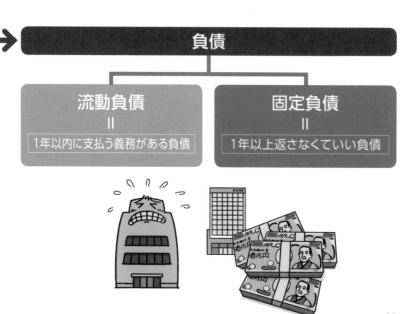

負債

流動負債	固定負債
＝	＝
1年以内に支払う義務がある負債	1年以上返さなくていい負債

「流動負債」の箱の主なものは「仕入債務」と「短期借入金」

▼「流動負債」にあたるもの

| 仕入債務 | 支払手形 | 仕入をするときに、商品や材料などを買った証拠として渡す手形。期日に手形に書かれた金額を支払う |
| | 買掛金 | 本業の営業活動に関する取引で購入したものの、まだ支払っていない代金。約束の期日に支払う |

短期借入金	金融機関などからの借入金のうち、返済期限が1年以内のもの

| 未払金 | 本業の営業活動での取引以外で、まだ支払っていない代金。未払いの備品の購入代金など |

| 未払費用 | その1年間（その期）にかかった費用のうちの、まだ支払期日が来ていないもの |

| 未払法人税等 | 法人税などのうち、まだ支払っていないもの |

| 前受金 | 商品やサービスを提供する前に支払われた代金 商品やサービスを渡す義務があるため「負債」に入れられる |

| 預り金 | 取引先や従業員などから一時的に預かっているお金。従業員の給料から天引きし、会社がまとめて支払う税金や社会保険料など |

| 各種引当金 | 1年以内の支払いに備えて計上されるお金 |

「仕入債務」は、まだ払っていないお金

「流動負債」は1年以内に支払う義務がある負債です。支払い義務の強い順番に並べられています。主なものとして「仕入債務」や「短期借入金」があります。

このうち、「仕入債務」は「支払手形」や「買掛金」など、商品や材料を、いわゆる"ツケ"で買ったものの、その代金を支払ってない状態です。身近な例でいえば、クレジットカードで品物を買ったり、水道光熱費を支払うのと同じです。商品やサービスは受け取っているけれども、まだクレジットカード会社の決済日になっておらず、支払っていないお金が「仕入債務」にあたります。

支払い義務が	負債の部	
強い	**流動負債**	○○○○
	支払手形	○○○○
	買掛金	○○○○
	短期借入金	○○○○
	未払金	○○○○
	前受金	○○○○
弱い	その他	○○○○
	固定負債	○○○○
	社債	○○○○
	長期借入金	○○○○
	その他	○○○○
	負債合計	○○○○

「流動負債」は、
支払い義務が強い順番に
並べられています

「短期借入金」は1年以内に支払うお金

「流動負債」のうちの「短期借入金」は、銀行などの金融機関から借りたお金のうち、1年以内に支払う義務があるものです。

▼「短期借入金」にあたるもの

銀行からの借入	銀行など金融機関からの借金のうち返済期間が1年以内のもの
関係会社や取引先、役員などからの借入	関係会社や取引先、役員などからの借金のうち返済期限が1年以内のもの
証書借入金	金銭消費貸借契約証書を作成、締結して行う借入
手形借入金	約束手形を振り出して行う借入
当座借越	当座借越限度額を決めて、その限度額までは自由にお金を借りられる借入

「短期借入金」にもいろいろなものがあるんだね

ですが、銀行からの借入がもっとも一般的です

「短期借入金」は「つなぎ融資」としても使われる

「短期借入金」は、返済のための資金調達の方法は決まっているものの、どうしても返済期日までにお金が間に合わない場合に、応急処置的にお金を借りることにも使われます。このように一時的、応急処置的に借りるお金を「つなぎ資金」といい、「つなぎ資金」のために借りるお金を「つなぎ融資」と呼んでいます。

「つなぎ融資」とその返済を繰り返していると、借入金利の支払いが増えるうえ、返済するお金の確保も難しくなります。その結果として、「自転車操業」状態に陥る危険性もあります。

もうすぐ返済期日だ。また「つなぎ融資」を受けなきゃ…

文字どおりの自転車操業

「短期借入金」は
売上が入金されるまでの
「つなぎ資金」などに使われます

「負債」の箱の
マメ知識 その1

将来の支払いに備える「引当金」

さきほどから何度か「引当金」という言葉が出てきましたが、この「引当金」も「流動負債」に入ります。

「引当金」とは、1年以内の近い将来に起きる支払いに備えて、あらかじめ用意しておくお金です。いずれ支払いが行われ、出ていくお金なので「負債の部」に入れられます。

「引当金」にあたるもの

賞与引当金	翌期以降（決算日以降）に従業員に支給する賞与のうち、今期に負担する部分
修繕引当金	建物や機械などで一定期間ごとに大規模な修繕が必要と見込まれる場合に、将来必要になる支出のうち今期に負担する部分
返品調整引当金	翌期以降（決算日以降）に、商品の返品で起きる可能性がある利益の減少に備えて計上する
退職給付引当金	将来、従業員が退職するときに支払う退職給付に備えて用意するお金。「固定負債」に計上される

「貸倒引当金」は「負債の部」には入らない

　ちなみに、「貸倒引当金」は、お金が出ていくわけではなく、「売掛債権」が回収できない場合の損失を抑えるためのお金です。そのため、一般的に「負債の部」には入れず、「資産の部」の「流動資産」にマイナスの資産として計上されます。

貸借対照表の例（抜粋）

（単位：百万円）

資産の部		負債の部	
流動資産		流動負債	
現預金及び現金同等物	925,213	短期借入金	227,207
短期投資	63,844	1年以内の返済予定長期借入債務	681,904
受取手形及び売掛金	2,699,708	買掛金	1,612,996
貸倒引当金	▲48,626	短期リース債務	14,430
未収入金	505,145	未払人件費	443,308
棚卸資産	365,379	未払法人税等	239,755
前払費用及びその他の流動資産	228,590	未払消費税等	75,083
		前受金	324,342
		その他の流動負債	512,368

「貸倒引当金」は「資産の部」の「流動資産」に入るのが一般的です

「固定負債」の箱の主なものは「社債」「長期借入金」「退職給付引当金」

「固定負債」は支払いが1年以上先の借金

貸借対照表の「負債の部」のうち、「固定負債」は、1年以上借りていられる、ゆっくりと返済できる負債です。

「固定負債」の主なものとしては、「社債」や「長期借入金」、「退職給付引当金」の3つがあります。

貸借対照表

資産の部	負債の部
流動資産 現金、預金 売掛金 棚卸資産など	流動負債 買掛金 短期借入金など
	固定負債 社債 長期借入金など
	純資産の部
固定資産 建物、土地 投資有価証券 など	株主資本など

Check!

- ● 固定負債は1年以上あとに支払う借金
- ●「社債」や「長期借入金」、「退職給付引当金」の3種類がある

▼「固定負債」の例

(単位：百万円)

	前事業年度 2018年3月31日	当事業年度 2019年3月31日
固定負債		
社債	290,000	441,980
長期借入金	340,706	348,540
退職給付引当金	156,072	164,423
固定負債合計	786,779	954,944

「固定負債」は
時間をかけて返済できます

▼「固定負債」には主に3種類ある

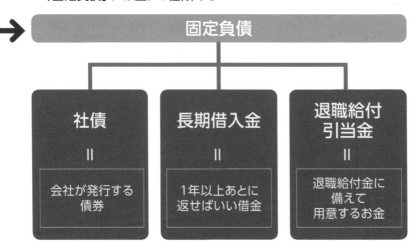

固定負債

社債	長期借入金	退職給付引当金
‖	‖	‖
会社が発行する債券	1年以上あとに返せばいい借金	退職給付金に備えて用意するお金

「社債」は投資家から集めたお金

「社債」は、会社が必要とするお金を借りるために発行する債券です。お金を借りる際の証明書として、社債券と呼ばれる債券を発行することから「社債」と呼ばれます。銀行からの借り入れや、株式の発行以外の資金の調達方法として活用されます。

　返済までの期間が1年以上あり、ゆっくり返済できる借金なので、「固定負債」に入れられます。

▼「社債」を発行してお金を集める選択肢もある

さらに
売上を伸ばす
ために
新規事業を！

そのためには、
研究設備を
充実させる
必要がある

「社債」を発行して
お金を調達する
方法もあるね

「長期借入金」は1年以上あとに返せばいい借金

「固定負債」のうち「長期借入金」は、銀行などの金融機関から借りたお金で、返済する期限が1年超のものです。要するに、1年以上あとに返せばいい借金というわけです。

「長期借入金」は、工場や土地など不動産を購入する場合や、新たなビジネスや新商品開発などのために設備投資を行うために使われる（借りる）ことが一般的です。

▼ ゆっくり返済できる「長期借入金」は設備投資に活用される

「負債」の箱の マメ知識 その2

「社債」と「株式」はどう違う?

銀行からお金を借りずに投資家から集める方法として、「社債」や「株式」を発行する方法があります。

ところで、「社債」と「株式」はどう違うのでしょうか?

「社債」を買うことは会社にお金を貸すこと

投資家の側から見ると、「社債」を買うことは、会社にお金を貸すことです。そのため、償還期限というお金を返済する期限がくると、貸したお金は利息をつけて返してもらえます。また、会社に利益が出ていなくても、必ず利息を受け取ることが可能です。ただし、その会社が破綻した場合などには、お金を返してもらえないリスクがあります。

「社債」と「株式」って、どちらも投資家からお金を集めるために発行するものだよね。どう違うんだろう?

「社債」を買うことは会社にお金を貸すこと、「株式」を買うことは会社に出資することなのです

「株式」を買うことは会社に出資すること

　これに対して、「株式」を買うことは、その会社に出資することです。投資家は、その会社の将来性に期待し、利益から配当金がもらえることを目的に出資します。出資をすると、その会社の一部を保有することになります。

　出資したお金は「株主資本」となり、会社にとって返済する義務のないお金になります。そのため、返済を気にせず、会社の経営に使うことができます。

　なお、会社の業績がよくなり、株価が上がれば、投資家はその株式を売って値上がり益を得ることができます。また、株式を売らずに保有し続けることで、利益の一部を投資家に還元する配当金が得られる可能性もあります。

「社債」と「株式」の違い

	社債	株式
投資家の立場	債権者（お金を貸す）	株主（会社の一部を保有）
受け取れる利益	利息	配当金、値上がり益
利益を得る確実性	必ず受け取れる	利益が出なければ受け取れない（値上がり益は株価が上がったときに株式を売却しないともらえない）
お金の返済	返してもらえる（破綻した場合は戻らない可能性もある）	基本的に返してもらえない（売却してお金にすることはできる）

「負債」の箱の
マメ知識 その3

「固定負債」の箱にも「引当金」がある

「流動負債」を説明する際に「引当金」について触れました（104ページ）。なので、「貸倒引当金」以外の「引当金」は、「流動負債」の箱に入るものだと思っている人がいるかもしれませんね。

実は、「退職給付引当金」は、「固定負債」の箱に入る「引当金」です。これは、従業員に退職一時金や退職年金を支払うときに備えて、会社が準備するお金です。従業員が退職する際に、このお金を取り崩して支払いに充てます。

これに備えて、何年間も積み立てることから、返済するのが1年以上先になるお金として、「固定負債」の箱に入れられるのです。

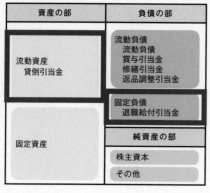

資産の部	負債の部
流動資産 貸倒引当金	流動負債 　流動負債 　賞与引当金 　修繕引当金 　返品調整引当金
	固定負債 　退職給付引当金
固定資産	純資産の部
	株主資本
	その他

「流動負債」
以外の箱に入っている
「引当金」があるぞ？

何年も積み立てた
お金を退職時に
払うものだから、
「固定負債」に
入るんです

「流動負債」と「固定負債」の使い道

　貸借対照表の「負債の部」を見ると「お金をどう集めたか」が
わかります。ところで、1年以内に支払う「流動負債」と、ゆっ
くり返済できる「固定負債」とでは、お金の使い道に違いはある
のでしょうか。

　一般的に、1年以内に支払うお金である「流動負債」は、商品
や材料を買ったときの支払いや、従業員の給料など、会社の日々
の運転資金として使われます。

　これに対し、「固定負債」は、高額な設備の購入や新たな工場
の建設、店舗の新規出店費用など、「設備投資」に使われています。

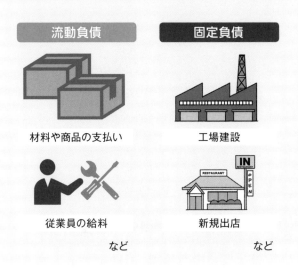

Point!

「純資産」は支払う義務のないお金

貸借対照表

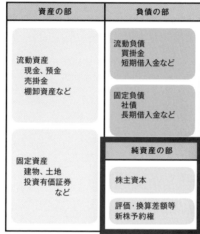

資産の部	負債の部
流動資産 現金、預金 売掛金 棚卸資産など	流動負債 買掛金 短期借入金など
	固定負債 社債 長期借入金など
固定資産 建物、土地 投資有価証券 など	純資産の部
	株主資本
	評価・換算差額等 新株予約権

「純資産」は
支払う義務が
ないお金で
「自己資本」とも
呼ばれます

「純資産」が多い会社は経営が安定している

「純資産」は支払う義務がない会社の資本で、「自己資本」とも呼ばれます。株主が出資した事業の元手と、会社が事業活動で得た利益の蓄積が計上されています。そのため、純資産が多い会社は、お金の返済に悩まされることがなく、経営も安定しているのです。

貸借対照表が、毎年行う健康診断の「診断書」なら、長年、健康に気をつけ、きちんと節制し、いい生活習慣を続けてきた結果、健康が保たれている状態といえるでしょう。

なお、「純資産」は、「株主資本」や「評価・換算差額等」、「新株予約権」の3つに分けることができます。

「株主資本」は「純資産」の箱のメイン要素

「株主資本」は、「純資産の部」に占める割合がもっとも大きい、メインの要素です。

その「株主資本」は、株主が出資した「資本金」と「資本剰余金」、利益の蓄積である「利益剰余金」と「自己株式」に分けられます。

▼「純資産」には主に3種類ある

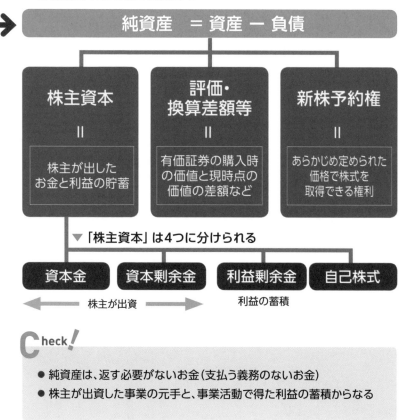

純資産　＝資産 ー 負債

株主資本	評価・換算差額等	新株予約権
‖	‖	‖
株主が出した お金と利益の貯蓄	有価証券の購入時の価値と現時点の価値の差額など	あらかじめ定められた価格で株式を取得できる権利

▼「株主資本」は4つに分けられる

資本金	資本剰余金	利益剰余金	自己株式

← 株主が出資 →　　　利益の蓄積

Check!

- 純資産は、返す必要がないお金（支払う義務のないお金）
- 株主が出資した事業の元手と、事業活動で得た利益の蓄積からなる

「資本金」は株主が出資したお金

「資本金」は、その会社の株式を購入した「株主」が出してくれたお金です。会社が財産を確保するための基準となるお金ともいえ、株主が出したお金の1/2以上を充てることになっています。

　ちなみに、会社の事業が好調で、会社が成長しているからといって、資本金の額が勝手に大きくなることはありません。資本金を増やしたり、減らしたりするには、株主総会でその会社に出資した株主が、資本金を変更していいかどうかを決議する必要があります。

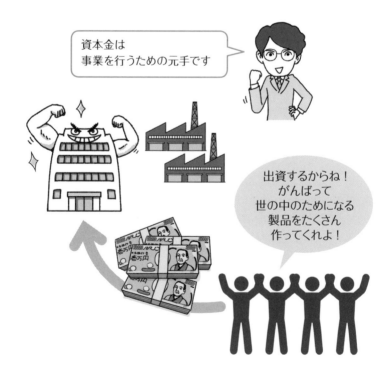

資本金は
事業を行うための元手です

出資するからね！
がんばって
世の中のためになる
製品をたくさん
作ってくれよ！

「資本剰余金」は、資本金を守るクッション

「資本剰余金」は、株主が出してくれたお金のうち、「資本金」にしない部分です。そうすることで、会社の業績が悪化した場合に、「資本剰余金」から取り崩すことで、会社の財産の核ともいえる「資本金」を減らさずに済みます。いわば、「資本金」を守るクッションといえるでしょう。「資本剰余金」のうち「資本準備金」は、「資本金」の1/2を超えない金額の範囲で積み立てることができます。

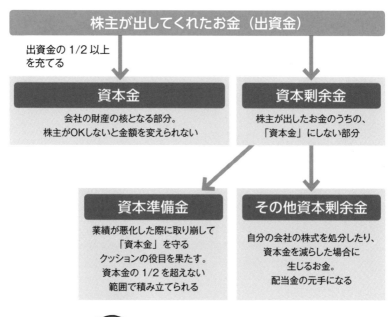

「資本剰余金」は「資本金」を守るクッションの役割を果たします

「利益剰余金」は稼ぎの蓄え

「利益剰余金」は、会社が事業で稼ぎ出した利益を積み立てた財産です。ここを見ることで、その会社が利益からどれだけ蓄えているかがわかります。

　ちなみに、会社が稼いだ利益は、一部を「配当金」として株主に支払われ、その他の部分が「利益剰余金」として、貸借対照表に書かれています。

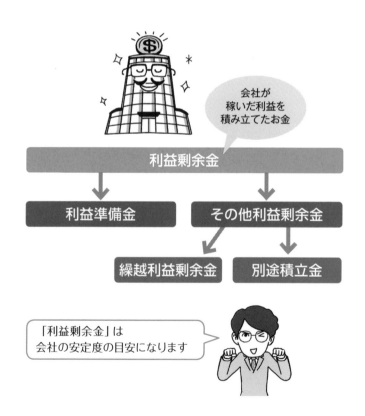

会社が
稼いだ利益を
積み立てたお金

利益剰余金

利益準備金　　その他利益剰余金

繰越利益剰余金　　別途積立金

「利益剰余金」は
会社の安定度の目安になります

「利益剰余金」には 2 種類ある

「利益剰余金」は、「利益準備金」と「その他利益剰余金」に分けることができます。

このうち「利益準備金」は、会社が株主に支払う配当金額の1/10以上を残すことが決められたお金です。利益をすべて配当金として支払ってしまうと、会社にお金が残りません。そのため、業績が悪化した場合、銀行や投資家が会社に貸したお金を返せなくなるでしょう。

なお、法律では、「利益準備金」と「資本準備金」の合計が、「資本金」の1/4になる金額まで、お金を残すことを定めています。

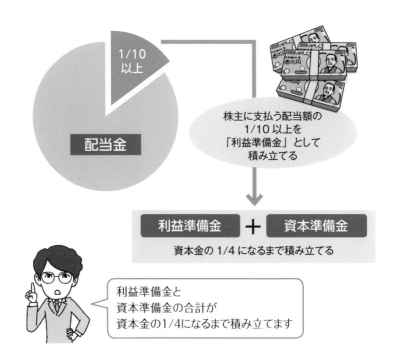

1/10
以上

配当金

株主に支払う配当額の
1/10 以上を
「利益準備金」として
積み立てる

| 利益準備金 | ＋ | 資本準備金 |

資本金の 1/4 になるまで積み立てる

利益準備金と
資本準備金の合計が
資本金の1/4になるまで積み立てます

「繰越利益剰余金」は利益を集めたおサイフ

「その他利益剰余金」は、「繰越利益剰余金」と「別途積立金」に分けられます。

このうち「繰越利益剰余金」は、会社を設立して以来の利益を蓄積してきた、いわば利益を集めたおサイフで、ここに入っているお金は、使い道が決まっていないお金です。

ちなみに、損益計算書の「当期純利益」も、この「繰越利益剰余金」に計上されます。

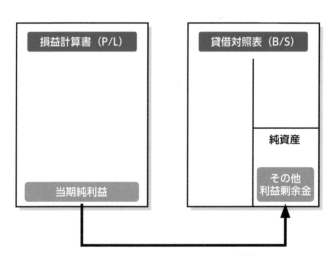

損益計算書の
「当期純利益」は、
貸借対照表の
「その他利益剰余金」に
計上されます

P/LとB/Sは、
ここでつながって
いるんだね

「自己株式」はマイナスで表示される

「自己株式」は、会社が投資家から買い取った自社の株式です。投資家から買い取るのですから、投資家に出資してもらったお金を投資家に返すことになります。

　投資家にお金を出してもらうと「株主資本」が増えますが、そのお金を返したなら、「株主資本」は減ってしまいます。そのため、自己株式を買い取った場合は、貸借対照表にはマイナスで表示されることになるのです。

純資産の部	
株主資本	10,273
資本剰余金	23,167
利益剰余金	942,343
自己株式	▲15,245
その他の資本の構成要素	28,015
親会社の所有者に帰属する持分	988,554
少数株主持分	45,646

自社株を株主から買い取ると
株主資本が減るので
マイナスで表示されます

「評価・換算差額等」は時価との差額

「評価・換金差額等」は、有価証券や土地などの時価と買ったとき
の価格の差額（評価損益）です。

「評価・換算差額等」は主に３つあり、もっとも大きな金額を占め
るのが、「その他有価証券評価差額金」です。これは、88ページから
の「固定資産」のページで説明した、1年以上保有する株式や満期ま
で1年以上ある社債など「投資有価証券」の、買ったときの価格と現
在の価格（時価）との差額（評価損益）です。

時価を
計上

貸借対照表（B/S）

固定資産　　　純資産

投資その他
の資産

評価・
換算差額等

時価と
買ったときの
価格の差額を
計上

「評価・換算差額等」には
買ったときの価格（簿価）と
時価の差額を書きます

決算日の時価は「固定資産」に書く

「投資有価証券」は、売ることを目的にしていません。そのため、値上がりや値下がりしても、その利益や損失がいつ入ってくるかわかりません。そのため、貸借対照表の「固定資産」に決算日の時価を記入するとともに、貸借対照表の「純資産の部」の「その他有価証券評価差額金」として、買ったときと現在の価格との差額を記入することになっています。

▼「評価・換算差額等」にあたるもの

その他有価証券評価差額金	「固定資産」の投資有価証券の簿価と時価の差額
土地再評価差額金	土地を購入したときの価格と時価との差額。現在は新規計上できない
繰延ヘッジ損益	金融派生商品などの損益を繰り延べたもの

ファーストリテイリングの 貸借対照表をチェック

流動資産が負債より多い、経営の安定した会社!

　年代を問わず人気の「ユニクロ」を傘下に持つファーストリテイリングの損益計算書です。

　現金と1年以内に現金化できる「流動資産」の金額が、「負債合計」よりも多いことがわかるでしょうか。

　これを見る限りでは、かなり経営は安定しているようです。

　なお、貸借対照表も損益計算書と同様、過去の数字と比較したり、同業他社と比較することが大切です。

資産の部の「流動資産合計」が
負債の部の「負債合計」よりも多く
経営が安定していることが
わかります

▼ ファーストリテイリングの貸借対照表　2019年8月期

（単位：百万円）

資産の部		負債の部	
流動資産		流動負債	
現金及び現金同等物	1,086,519	買掛金及びその他の短期債務	191,769
売掛金及びその他の短期債権	60,398	その他の短期金融負債	159,006
その他の短期金融資産	44,473	デリバティブ金融負債	2,985
棚卸資産	410,526	リース負債	—
デリバティブ金融資産	14,787	未払法人所得税	27,451
未収法人所得税	1,492	引当金	13,340
その他の流動資産	19,975	その他の流動負債	82,103
流動資産合計	1,638,174	流動負債合計	476,658
		非流動負債	
非流動資産		長期金融負債	499,948
有形固定資産	162,092	リース負債	—
使用権資産	—	引当金	20,474
のれん	8,092	繰延税金負債	8,822
		デリバティブ金融負債	3,838
		その他の非流動負債	17,281
		非流動負債合計	550,365
		負債合計	1,027,024
無形資産	60,117	純資産の部	
長期金融資産	77,026	資本金	10,273
持分法で会計処理されている投資	14,587	資本剰余金	20,603
繰延税金資産	33,163	利益剰余金	928,748
デリバティブ金融資産	9,442	自己株式	▲15,271
その他の非流動資産	7,861	その他の資本の構成要素	▲5,732
		親会社の所有者に帰属する持分	938,621
		非支配持分	44,913
非流動資産合計	372,384	資本合計	983,534
資産合計	2,010,558	負債及び資本合計	2,010,558

過去の数字と比較してみよう!

　それでは、ファーストリテイリングの貸借対照表を前期(2018年8月期)と比べてみましょう。

　注目すべきは、利益剰余金が大きく増えていることと、負債が減って資本(純資産)が増えたことで、「負債及び資本(純資産)合計」が増加していること。財務面での健全性がさらに高まっているといえるでしょう。

▼ ファーストリテイリングの貸借対照表

(単位:億円)	2018年 8月期	2019年 8月期
資産		
流動資産		
現金及び現金同等物	999,697	1,086,519
売掛金及びその他の短期債権	52,677	60,398
その他の短期金融資産	35,359	44,473
棚卸資産	464,788	410,526
デリバティブ金融資産	35,519	14,787
未収法人所得税	1,702	1,492
その他の流動資産	28,353	19,975
流動資産合計	1,618,097	1,638,174
非流動資産		
有形固定資産	155,077	162,092
使用権資産	——	——
のれん	8,092	8,092
無形資産	46,002	60,117
長期金融資産	79,476	77,026
持分法で会計処理されている投資	14,649	14,587
繰延税金資産	26,378	33,163
デリバティブ金融資産	——	9,442
その他の非流動資産	5,691	7,861
非流動資産合計	335,368	372,384
資産合計	1,953,466	2,010,558

安全性が
より
高まったと
いえます

前の期よりも
資産合計が
増加

負債及び資本		
負債		
流動負債		
買掛金及びその他の短期債務	214,542	191,769
その他の短期金融負債	171,854	159,006
デリバティブ金融負債	6,917	2,985
リース負債	——	——
未払法人所得税	21,503	27,451
引当金	11,868	13,340
その他の流動負債	72,722	82,103
流動負債合計	499,410	476,658
非流動負債		
長期金融負債	502,671	499,948
リース負債	——	——
引当金	18,912	20,474
繰延税金負債	13,003	8,822
デリバティブ金融負債	——	3,838
その他の非流動負債	16,690	17,281
非流動負債合計	551,277	550,365
負債合計	1,050,688	1,027,024
資本		
資本金	10,273	10,273
資本剰余金	18,275	20,603
利益剰余金	815,146	928,748
自己株式	▲15,429	▲15,271
その他の資本の構成要素	34,669	▲5,732
親会社の所有者に帰属する持分	862,936	938,621
非支配持分	39,841	44,913
資本合計	902,777	983,534
負債及び資本合計	1,953,466	2,010,558

前の期よりも負債はやや減少

利益剰余金が大きく増えた！

資本合計も増えている！

Column

新株予約権ってなに？

「純資産の部」を見ると、「新株予約権」という項目が出てきます。

これは、将来、株式をあらかじめ決まった価格で買うことができる権利のこと。仮に、株式を500円で買える権利を持っていたとしましょう。その株式が1000円になったときに500円で買って1000円で売れば、1株あたり500円の利益を得られる計算になります。

そのお金は、将来、株式を買った（そして売った）ときには、会社の資本（株主資本）になります。そのため、「新株予約権」として、「純資産の部」に書かれているのです。

将来、会社が成長して
株価が上がったら
大きな利益を得られるかな

ベンチャー企業などでは
「新株予約権」を
「ストップオプション」という
報酬のひとつとして
使うこともあります

「キャッシュフロー 計算書（C/S）」の 基礎をマスターしよう!

「キャッシュフロー計算書（C/S）」は、
言ってみれば、健康診断書の「検査値」。
会社のお金の動きから、今後も成長する会社か、
倒産する危険があるかがわかります。

「キャッシュフロー計算書（C/S）」で、
その会社の "フトコロ具合" をチェック!

私のキャッシュフローは…
気にしない

キャッシュフロー計算書は健康診断書の「検査値」。会社のお金がどうして増えたか減ったかがわかる

キャッシュフロー計算書の例（抜粋）
（単位：億円）

営業活動によるキャッシュフロー	**2,800**
税引前当期純利益	3,378
法人税等の支払額	▲1,039
減価償却費	970
運転資本の増減額	▲500
その他	▲9
投資活動によるキャッシュフロー	**▲2,420**
設備投資支出	▲1,894
有価証券増減額	10
定期預金の増減額	▲527
その他	▲8
財務活動によるキャッシュフロー	**▲959**
借入金増減額	75
配当資金支払額	▲874
自己株式取得額	▲105
その他	▲56
換算差額ほか	▲131
現金及び現金同等物増減額	▲711
現金及び現金同等物残高	7,572
有利子負債残高	217

営業活動による
キャッシュフロー
の主な内訳

投資活動による
キャッシュフロー
の主な内訳

財務活動による
キャッシュフロー
の主な内訳

会計年度
（その期の間）の
現金と現金同等物
の増減額

「貸借対照表」の
「現金・預金」と
ほぼ同じ金額

1年間のリアルなお金の動きが見える

「キャッシュフロー計算書」は、会社の一定期間のお金の動きを表しています。「キャッシュフロー計算書」を見ることによって、なぜお金が入ってきて、どうして出ていったのかが、わかります。その意味では、「キャッシュフロー計算書」は、健康診断書に書かれている「検査値」のようなものといえるでしょう。

「キャッシュフロー計算書」の下のほうには「現金及び現金同等物増減額」という項目があります。ここの数字を見て、プラスなら一定期間（1年間）にキャッシュが増えていること、マイナスならばキャッシュが減っていることを表します。

3つのキャッシュフローを足したもので、その会社の1年間の現金の増減がわかります

数字がたくさん載ってるけど、まずは、上の4つをチェックすればいいんだね

Check!

- 「キャッシュフロー計算書」でお金の出入りの理由がわかる
- 「営業」「投資」「財務」の3つの段階でのお金の動きがわかる

P/L、B/S との違いは？

　Part2では損益計算書、Part3では貸借対照表について勉強してきました。「決算書って、まだ別の種類のものがあるの…」とうんざりしている人もいるかもしれませんね。おさらいもかねて、それぞれどんなことがわかるのかを整理しておきましょう。

　損益計算書は、会社がいくら売り上げて、いくら費用を使い、いくら利益を得ているのかを表します。つまり、会社の収益性を見るものといえます。

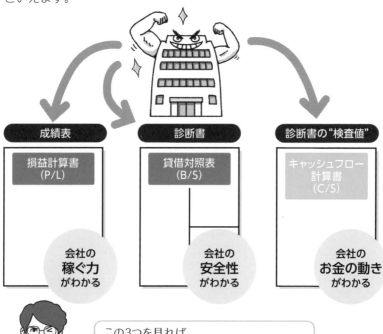

成績表
損益計算書
(P/L)
会社の
稼ぐ力
がわかる

診断書
貸借対照表
(B/S)
会社の
安全性
がわかる

診断書の"検査値"
キャッシュフロー
計算書
(C/S)
会社の
お金の動き
がわかる

この3つを見れば、
その会社がまるっとお見通しになりますよ

　貸借対照表は、お金の調達方法と使い方を表すもので、会社の安全性をチェックするのに有効です。

　そして、キャッシュフロー計算書は、お金の流れを表すもので、会社の成長性や将来性を判断する材料になります。

「キャッシュ」が指しているもの

　ところで、「キャッシュフロー計算書」の「キャッシュ」は何を指しているのでしょうか。ここで言う「キャッシュ」は、今現在、手元にある現金や請求すればすぐ現金化できるもののほか、すぐに換金できる定期預金（おおむね3か月未満）や価格変動リスクが小さくいつでも換金しやすい（損をしにくい）公社債投資信託などが該当します。

▼「キャッシュ」って何を指すの？

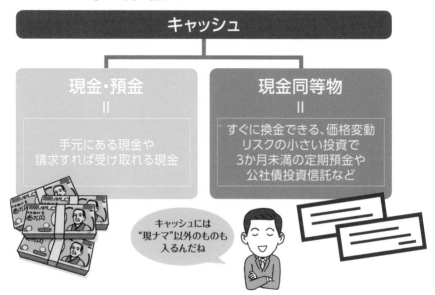

「営業キャッシュフロー」「投資キャッシュフロー」「財務キャッシュフロー」の箱（要素）でできている

3つの"検査値"でお金の増減をチェック

「キャッシュフロー計算書」は、「営業キャッシュフロー」「投資キャッシュフロー」「財務キャッシュフロー」の3つの箱（要素）からなっています。

このうち、「営業キャッシュフロー」では本業での現金の出入り、「投資キャッシュフロー」では設備投資や資産運用など会社の投資活動でのお金の出入り、「財務キャッシュフロー」では銀行などからのお金の貸し借りがわかります。まずはこの3つの箱のお金がプラスか、マイナスかに注目してください。

ちなみに、損益計算書や貸借対照表は、やってはいけないことですが、例えば、来期に入ってくる予定のお金を「今期に入ってきた」と見せかけたり、来期に売れそうだという理由などで在庫の金額をちょっといじってみたりできなくはありません。

ですが、「キャッシュフロー計算書」に書かれるお金の動きは、客観的にごまかしようがありません。そう考えると、3つある決算書のなかでいちばん信頼できる可能性が高いといえるかもしれませんね。

Check*!*

- ●「営業」「投資」「財務」のキャッシュフローをチェックするもの
- ● 客観的にお金の流れを把握できる

キャッシュフロー計算書の例 (抜粋) （単位：億円）

営業活動によるキャッシュフロー	**2,800**
税引前当期純利益	3,378
法人税等の支払額	▲1,039
減価償却費	970
運転資本の増減額	▲500
その他	▲9
投資活動によるキャッシュフロー	**▲2,420**
設備投資支出	▲1894
有価証券増減額	10
定期預金の増減額	▲527
その他	▲8
財務活動によるキャッシュフロー	**▲959**
借入金増減額	75
配当資金支払額	▲874
自己株式取得額	▲105
その他	▲56
換算差額ほか	▲131
現金及び現金同等物増減額	▲711
現金及び現金同等物残高	7,572
有利子負債残高	217

まずは
ココを
チェック！

3つの要素で
できているのね

「貸借対照表」の
「現金・預金」と
ほぼ同じ金額

キャッシュフロー
計算書は、P/LやB/Sと
つながっています

しかも、ごまかしが
きかない、信頼性の高い
決算書なんです

「営業キャッシュフロー」は 本業でどれだけ現金を得たかを表す

キャッシュフロー計算書の例（抜粋）

(単位:百万円)

営業活動に関するキャッシュフロー	
当期利益	321,022
当期利益から営業活動に関するキャッシュ・フローへの調整	
減価償却費及び無形資産償却費	368,044
減損損失	344,997
法人所得税費用	183,699
その他の負債の増減	▲35,257
その他	3,925
小計	775,769
利息の受取	22,343
配当金の受取	22,710
利息の支払	▲22,530
法人所得税の支払	▲188,267
営業活動に関するキャッシュフロー	610,025

営業活動に関するキャッシュフローにはこんな項目があります

まずはココに注目!

今は細かい項目や金額は気にする必要はありません。ここがプラスかマイナスかを確認しましょう

136

「営業キャッシュフロー」はプラスが大前提

健康診断書の「検査値」にあたるもののひとつめは、「営業活動によるキャッシュフロー（営業キャッシュフロー）」です。これは、本業でのお金の流れを表します。

ここを見ることで、本業でいくらお金を稼いで、最終的にどのくらいのお金が手元に残ったのかがわかります。そのため、ここがプラスの会社は、本業でしっかりお金を稼げている会社です。また、この金額が多い会社は、お金を稼ぐ力が高い会社だともいえます。

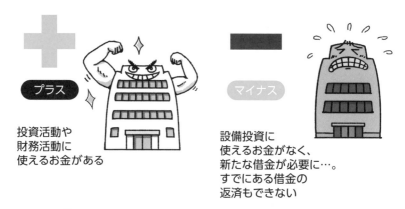

営業キャッシュフロー

プラス
投資活動や
財務活動に
使えるお金がある

マイナス
設備投資に
使えるお金がなく、
新たな借金が必要に…。
すでにある借金の
返済もできない

Check!

● 「営業キャッシュフロー」は本業でのお金の流れ
● プラスならしっかり稼げている

3-2 キャッシュフロー計算書のしくみ ──「投資キャッシュフロー」

「投資キャッシュフロー」は 会社を成長させる意欲があるかどうか

キャッシュフロー計算書の例（抜粋）

（単位：百万円）

投資活動に関するキャッシュフロー	
有形固定資産の取得	▲382,351
無形資産の取得	▲89,898
有形及び無形賃貸資産の取得	──
有形固定資産及び無形資産の売却	61,623
有形及び無形賃貸資産の売却	──
リース債権の回収	──
その他	13,205
投資活動に関するキャッシュフロー	▲162,872

> 投資活動に関するキャッシュフローにはこんな項目があります

> まずはココに注目！

> マイナスなら会社を成長させる投資をしている会社です

Check！

● 「投資活動」には設備投資と資産運用がある
● 成長を続ける会社の「投資キャッシュフロー」はマイナス

マイナスなのが伸びる会社

「投資活動によるキャッシュフロー（投資キャッシュフロー）」では、投資によるお金の流れがわかります。

　ちなみに、「投資活動」には、大きく2つの種類があります。会社を成長・発展させるための設備投資と、手元にあるお金を有効活用する資産運用です。前者は、工場や機械類、設備類などに投資し、新たなビジネスを始めたり、新製品を開発したりするための投資です。後者については、資産運用の内容（株式などを買うのにかかったお金と売って得たお金）が記されます。

　会社は未来永劫に続くことが前提です。それには成長・発展も不可欠です。そう考えると、お金をかけて設備投資をすることが必要です。この項目はマイナスなのが成長する会社の条件ともいえます。

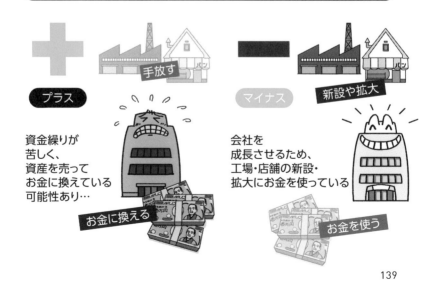

投資キャッシュフロー

プラス
資金繰りが
苦しく、
資産を売って
お金に換えている
可能性あり…
手放す
お金に換える

マイナス
会社を
成長させるため、
工場・店舗の新設・
拡大にお金を使っている
新設や拡大
お金を使う

「財務キャッシュフロー」で お金の出入りがわかる

キャッシュフロー計算書の例（抜粋）　　(単位：百万円)

財務活動に関するキャッシュフロー	
短期借入金の純増減	3,706
長期借入債務による調達	87,636
長期借入債務の償還	▲133,581
社債及び借入金の調達及び償還	——
非支配持分からの払込み	5,149
配～　支払	,194
非支配持分株主への配当金の支払	▲43,375
自己株式の取得	▲231
自己株式の売却	211
非支配持分株主からの子会社持分取得	▲162,692
非支配持分株主への子会社持分一部売却	——
その他	▲55
財務活動に関するキャッシュフロー	▲320,426

財務活動に関するキャッシュフローにはこんな項目があります

借金が増えているかどうかをチェックしましょう

まずはココに注目！

Check**!**

- 「財務キャッシュフロー」はお金の貸し借りを表す
- 「財務キャッシュフロー」だけを見ても 会社の状況を判断するのは難しい

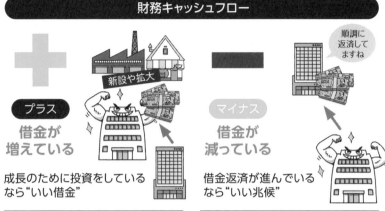

財務キャッシュフロー

プラス
借金が増えている

成長のために投資をしているなら"いい借金"

資金繰りが苦しいなら"悪い借金"

マイナス
借金が減っている

借金返済が進んでいるなら"いい兆候"

借金の返済に充てているなら自転車操業中

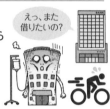

借金、返済の様子が見えてくる

「財務活動によるキャッシュフロー（財務キャッシュフロー）」は、資金調達でのお金の出入りを表しています。

この数字がプラスの場合は借金が増えていることを表し、マイナスの場合は借金の返済が進んでいることを表します。まずは、これを頭に入れたうえで「財務キャッシュフロー」の金額を見ることから始めましょう。

ちなみに、会社が資金を調達する方法には、銀行からお金を借りる方法と、株式を発行して（増やして）お金を調達する（増資する）方法があります。前者は「借入を起こす」、後者は「社債を発行する」という言い方をされます。

「営業」「投資」「財務」の組み合わせで会社の経営状態を確認しよう

キャッシュフロー計算書の例（抜粋）

(単位：億円)

営業活動によるキャッシュフロー	**2,800**
税引前当期純利益	3,378
法人税等の支払額	▲1,039
減価償却費	370
運転資本の増減額	▲500
その他	▲9
投資活動によるキャッシュフロー	**▲2,420**
設備投資支出	▲1,894
有価証券増減額	10
投資有価証券増減額	327
その他	▲8
財務活動によるキャッシュフロー	**▲959**
借入金増減額	75
配当金支払額	374
自己株式取得額	▲105
その他	▲56

3つの組み合わせで会社の状態がわかります

Check!

- 「営業」「投資」「財務」単独では会社の実態はわからない
- 3つを組み合わせてトータルに判断することが大切

単独ではなく、組み合わせで見る

「キャッシュフロー計算書」は、3つの要素を組み合わせてこそ、リアルな会社の実態がわかります。

「営業キャッシュフロー」がプラスの場合は、本業で現金を稼げています。ですが、「投資キャッシュフロー」や「財務キャッシュフロー」は、それ単独の情報だけでは、会社の状況を判断することが難しく、"帯に短したすきに長し" だといえるでしょう。

だからこそ、「キャッシュフロー計算書」を見るときには、3つの箱（要素）を組み合わせて、トータルに判断することが重要です。

例えば、「財務キャッシュフロー」がマイナスの場合、順調に借金を返済している可能性がある反面、本業で稼いだ現金を借金返済に充てているだけかもしれません。一方、「財務キャッシュフロー」がプラスの場合は、借金が増えている状態ですが、借入をして設備投資に使っているなら、さらなる成長が期待できる可能性もあります。この場合は、「投資キャッシュフロー」がどうなっているかもチェックすることが必要になります。

本業の稼ぎで成長戦略も！
優等生な会社のC/S

 超いいね！

しっかり稼いで、成長への布石も
打ててる理想的な組み合わせです

営業 キャッシュフロー	投資 キャッシュフロー	財務 キャッシュフロー	

　パターン1は、「営業キャッシュフロー」がプラス、「投資キャッシュフロー」と「財務キャッシュフロー」がマイナスの組み合わせです。

　このパターンでは、「営業キャッシュフロー」がプラスなので、本業でしっかりお金を稼げていることがわかります。次に、「投資キャッシュフロー」がマイナスなので、「本業で得たお金で設備投資を行っているようだ」と判断できるでしょう。

　そして「財務キャッシュフロー」がマイナスなので、借金の返済もできていることが見受けられます。

　ここから、将来の成長が期待できるうえ、経営状態も良好な非の打ちどころのない優等生な会社といえるでしょう。

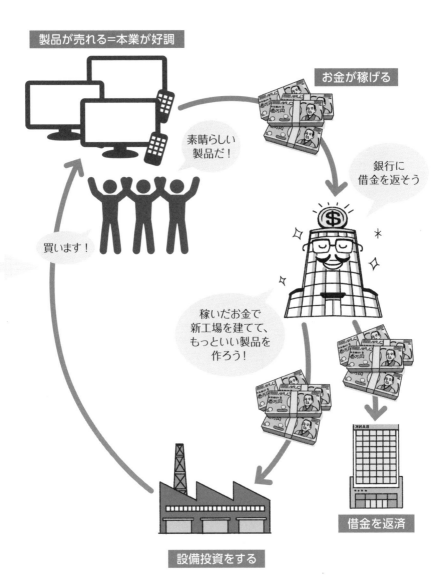

成長を目指して"修業中"？
ギリギリ合格点のC/S

 いいね！

しっかり稼げているものの、借金も増えています。将来を見据えた投資のための借金ならOKです

営業 キャッシュフロー	投資 キャッシュフロー	財務 キャッシュフロー

　パターン2は、「営業キャッシュフロー」の状態から、本業でしっかりお金を稼げていることがわかります。次に、「投資キャッシュフロー」がマイナスなので、「本業で得たお金を使って、設備投資を行っているようだ」と判断できるでしょう。

　パターン1との違いは、「財務キャッシュフロー」がプラスになっていること。ここから、銀行からの借入を行っていることもわかります。この会社は、本業で稼いだお金だけでは設備投資のお金が足りず、銀行から借りた可能性があります。スタートアップ企業によく見られるパターンです。将来の成長につながる投資ならば、問題ないといえるでしょう。

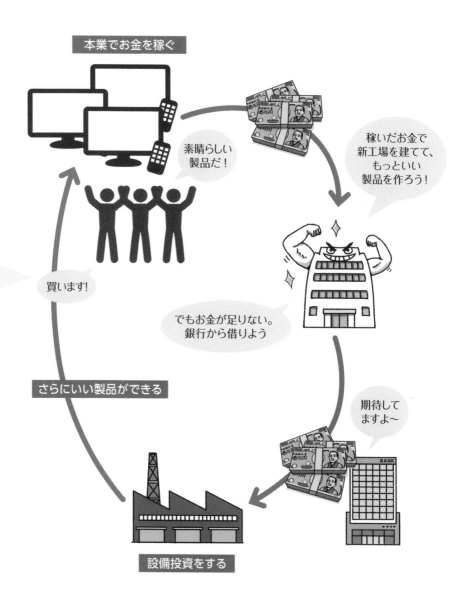

パターン **3**

資金繰りが苦しい？
危険信号なC/S

 残念…

本業で稼げておらず、しかも銀行がお金を
貸してくれないので、資産を切り売りして、
借金を返している可能性があります

営業 キャッシュフロー	投資 キャッシュフロー	財務 キャッシュフロー

　パターン3は、「営業キャッシュフロー」がマイナス、つまり本業
で現金を稼ぐことができていない状態です。この情報だけでも、「ち
ょっと残念な会社だな」とわかるでしょう。

　「財務キャッシュフロー」がマイナスですから、借金は増えていま
せん。ただし、「投資キャッシュフロー」がプラスなので、もはや銀
行からの借入ができず、会社の資産を売って、本業での支払いをした
り、借金を返済していると考えられます。

　このパターンの場合では、会社の状態は決していいとはいえず、遠
からず倒産する危険すらあるかもしれません。

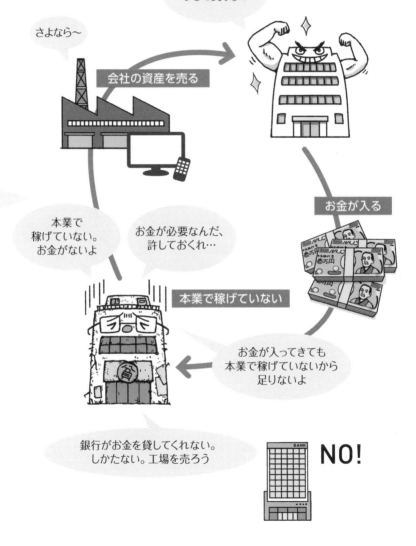

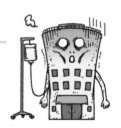

パターン **4**

倒産は秒読み段階？
要注意なC/S

 超残念…

本業で稼げておらず、借金は減っているものの投資はできていません。かなり危険な状態です

営業 キャッシュフロー	投資 キャッシュフロー	財務 キャッシュフロー

「営業キャッシュフロー」がマイナス、「財務キャッシュフロー」もマイナスで、「投資キャッシュフロー」はプラスマイナスゼロという状態は、その会社が倒産までのカウントダウンが始まった状態であることを示しています。

　本業では現金が入らず、銀行から借り入れることもできず、そして売却できる資産もなくなっていると考えられるからです。

　このパターンでは、手元にわずかに残っている現金がなくなった時点で倒産してしまいます。もしも、あなたの勤務先企業や、これから就職、転職しようとする会社がこんな状態なら、そこから逃げ出すことを考えたほうが幸せではないでしょうか。

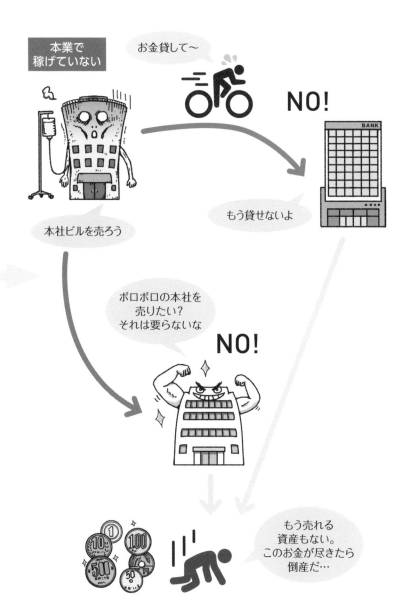

パターン **2** の類型 **A**

不要な資産を
「断捨離」中のC/S

いいね！

本業で稼ぎ、借金も返済しています。
ただし、資産を切り売りしている
可能性もあります

| 営業
キャッシュフロー | 投資
キャッシュフロー | 財務
キャッシュフロー |

「営業キャッシュフロー」がプラスなので、本業で現金を稼ぐことができています。また、「財務キャッシュフロー」がマイナスなので、借金も返済できているようです。

ただし、「投資キャッシュフロー」がプラスなので、本業で稼いだお金だけでは借金の返済ができず、資産の一部を切り売りして借金の返済に充てている可能性もあります。

不要な資産、使っていない資産を売っている場合は、「断捨離」ですから、ムダな費用を削減することにつながる効果があるかもしれません。会社の状態を判断するには「投資キャッシュフロー」の内容を確認する必要がありそうです。

「投資」と「財務」の 内容を要確認のC/S

本業で稼ぐ一方、借金が増えて いるものの投資はしていません。 資産を切り崩している可能性もあります

| 営業
キャッシュフロー | 投資
キャッシュフロー | 財務
キャッシュフロー |

　こちらは、「営業キャッシュフロー」「財務キャッシュフロー」「投資キャッシュフロー」がすべてプラスになっています。

　本業で現金を稼ぐことができているものの、銀行から借り入れています。また、「投資キャッシュフロー」がプラスなので、銀行から借り入れたうえで、資産を切り売りし、返済に充てている可能性もありますし、投資に充てている（資産の切り売りよりも小さな額の投資）をしているかもしれません。

　あるいは、借入をして設備投資をする一方で、資産運用で設備投資額より大きなリターンを得ていることも考えられます。

本業で稼げず資産を 切り売り？ 危険信号なC/S

 残念…

> 本業で稼げておらず、しかも借金が増えて います。もしかすると資産を切り売りし、 なんとかしのいでいる可能性があります

営業 キャッシュフロー	投資 キャッシュフロー	財務 キャッシュフロー

「営業キャッシュフロー」がマイナスで、「投資キャッシュフロー」と「財務キャッシュフロー」がプラスな状態から、本業で現金を稼ぐことができておらず、かつ銀行から借り入れて、資産の切り売りもしている姿が想像できます。

その期にたまたま業績が悪くて本業で現金を稼げなかったので、借金を返すために銀行から借入をし、資産も売却したのかもしれません。これが「たまたま」でこの期限りなら問題はありませんが、長く続くようなら、遠からず自転車操業に陥ってしまうでしょう。
「投資キャッシュフロー」の内容を確認するとともに、今後の業績見通しもしっかりチェックすべきです。

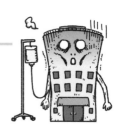

社歴の長い会社なら 危険信号なC/S

超残念…

本業で稼げていないので、銀行からお金を借りて、
新規事業などに投資をしています。ただし、
新規事業が失敗したら倒産の危険性もあります

営業	投資	財務
キャッシュフロー	キャッシュフロー	キャッシュフロー

「営業キャッシュフロー」と「投資キャッシュフロー」がマイナス、「財務キャッシュフロー」がプラスという状態は、本業で現金を稼ぐことができておらず、銀行から借入をして設備投資を行ったことを示しています。

　創業間もないスタートアップ企業では、しばしば見られるパターンです。積極的な設備投資の結果、事業が軌道に乗れば、成長することも期待できます。

　なお、成熟企業でこのパターンだと、新規事業や新製品開発が失敗した場合は倒産するリスクもあります。

フリーキャッシュフロー
にも注目

返済の必要がない自由に使えるお金

「キャッシュフロー計算書」では、3つの箱（要素）を組み合わせてトータルな判断をすることに加え、「フリーキャッシュフロー」という項目にも注目することが大切です。

「フリーキャッシュフロー」は、返済する必要のない自由な手元資金です。

自由に使えるお金ですから、設備投資にも、投資家への配当金にも、財務状況を改善するためにも使えます。これが多いほど自由に使えるお金が多い、優良な会社であることの証しともいえるでしょう。

会社が自由に使えるお金

営業 キャッシュ フロー	＋	投資 キャッシュ フロー	＝	フリー キャッシュ フロー

「フリーキャッシュフロー」は、本業で稼いだ
現金（営業キャッシュフロー）に、設備投資や配当金、
有価証券投資などの「投資キャッシュフロー」を
足すことで簡易的に計算できます

使い方で経営方針がわかる

　フリーキャッシュフローの簡易的な計算方法として「営業キャッシュフロー」と「投資キャッシュフロー」を足し算する方法があります。ただしこの場合は、厳密にはここから借り入れたお金や日々の事業を支える費用を除いて考えることが必要です。

キャッシュフロー計算書の例（抜粋）

（単位：百万円）

	2019年2月期
営業活動によるキャッシュフロー	81,664
投資活動によるキャッシュフロー	▲30,424
財務活動によるキャッシュフロー	▲11,340
現金及び現金同等物残高	100,053
フリーキャッシュフロー	51,240

キャッシュフロー計算書に「フリーキャッシュフロー」を載せている会社もあります

自由に使えるお金があるぞ！

重要なのは、「フリーキャッシュフロー」をどう使うか。使い方で会社の経営方針がわかりますよ

⑤ キャッシュフロー計算書の例

優良企業のキャッシュフロー
計算書を見てみよう!

(単位:百万円)

日立製作所の連結キャッシュフロー計算書（抜粋）	2018年3月期	2019年3月期
営業活動に関するキャッシュ・フロー		
当期利益	490,918	321,022
当期利益から営業活動に関するキャッシュ・フローへの調整		
減価償却費及び無形資産償却費	364,432	368,044
減損損失	48,656	344,997
法人所得税費用	131,659	183,699
持分法による投資損益	▲62,483	15,016
金融収益及び金融費用	▲862	▲6,387
事業再編等損益	▲9,774	▲184,630
固定資産売却等損益	2,395	▲18,966
売上債権の増減	47,216	—
売上債権及び契約資産の増減	—	1,793
棚卸資産の増減	▲181,207	▲149,500
その他の資産の増減	▲17,321	▲13,419
買入債務の増減	97,923	▲16,107
退職給付にかかる負債の増減	▲40,137	▲38,461
その他の負債の増減	44,320	▲35,257
その他	▲7,743	3,925
小計	907,992	775,769
利息の受取	9,767	22,343
配当金の受取	17,902	22,710
利息の支払	▲21,582	▲22,530
法人所得税の支払	▲186,911	▲188,267
営業活動に関するキャッシュ・フロー	727,168	610,025
投資活動に関するキャッシュ・フロー		
有形固定資産の取得	▲352,047	▲382,351
無形資産の取得	▲91,528	▲89,898
有形及び無形賃貸資産の取得	▲3,263	—
有形固定資産及び無形資産の売却	37,076	61,623
有形及び無形賃貸資産の売却	9,628	—
リース債権の回収	–	—
有価証券及びその他の金融資産(子会社及び持分法で会計処理されている投資を含む)の取得	▲243,124	△72,422
有価証券及びその他の金融資産(子会社及び持分法で会計処理されている投資を含む)の売却	178,188	306,971
その他	▲2,893	13,205
投資活動に関するキャッシュ・フロー	▲474,328	▲162,872
フリー・キャッシュ・フロー	252,840	447,153

本業で
しっかり
キャッシュ
を稼いで
いる

将来を
見据えた
投資も
バッチリ
している

自由に使えるお金もしっかりある

財務活動に関するキャッシュ・フロー		
短期借入金の純増減	▲104,819	3,706
長期借入債務による調達	143,354	87,636
長期借入債務の償還	▲256,944	▲133,581
社債及び借入金の調達及び償還	▲218,409	―
非支配持分からの払込み	3,953	5,149
配当金の支払	▲67,568	▲77,194
非支配持分株主への配当金の支払	▲32,066	▲43,375
自己株式の取得	▲292	▲231
自己株式の売却	49	211
非支配持分株主からの子会社持分取得	▲6,982	▲162,692
非支配持分株主への子会社持分一部売却	205	―
その他	▲344	▲55
財務活動に関するキャッシュ・フロー	▲321,454	▲320,426
現金及び現金同等物に係る為替変動による影響	1,336	▲17,098
現金及び現金同等物の増加	▲67,278	109,629
現金及び現金同等物の期首残高	765,242	697,964
現金及び現金同等物の期末残高	697,964	807,593

借入金の返済もできている

前の期よりキャッシュフローの残高が増えた

本業で稼げていて、投資もして、借金返済も進んでいる優良企業です

プラスとマイナスのバランスに注目

　紹介するのは、日立製作所のキャッシュフロー計算書（抜粋）です。キャッシュフロー計算書も損益計算書や貸借対照表と同じように、過去の期と比較したり、同業他社と比較することが大切です。ここでは過去の期との比較を掲載しています。

　同社の場合、「営業キャッシュフロー」がプラス、「投資キャッシュフロー」がマイナス、「財務キャッシュフロー」がマイナスです。なので、144ページで紹介したパターン1の優良企業に当てはまるといえるでしょう。

フリーキャッシュフローを
どう判断する？

「フリーキャッシュフロー」が潤沢な会社は、自由に使える
お金がたくさんある会社です。

ただし、フリーキャッシュフローがマイナスだから、必ずし
も会社の経営状態が悪いとも、すぐにでも倒産しそうだとも言
いにくいケースもあります。

例えば、成長まっただなかのスタートアップ企業の場合は、
本業で稼げる現金がまだ少ないため、フリーキャッシュフロー
がマイナスになるケースがしばしばです。しかし、成長のため
に積極的に投資しているのであれば、問題ないといえるでしょう。

これに対し、成熟企業でマイナスの場合には、本業で稼いだ
現金以上の投資をしているかもしれません。無理な投資でない
かどうか、さらに広い視点からの分析が必要になります。

成長している会社		成熟している会社	
	本業で稼いだキャッシュの範囲で投資をしている。そろそろ成熟期に移行する？	本業で稼いだキャッシュの範囲で投資ができている	
	積極的に投資をしているので、稼いだ現金だけでは投資資金をまかなえないことも	本業で稼いだキャッシュ以上の投資をしている。無理な投資をしていないか、内容をチェック	

ズバリ知りたい
「決算書」に関する
素朴な疑問に
答えます！

本章では、
読者のみなさんが気になっている
「決算書」に関する素朴な疑問に
Q&A形式で答えていきます！

読み方さえわかれば
「決算書」は難しくありません！

「決算書」から、
いろいろなことが
わかるんだなあ

もうマスター
できました！

Q 1 うちの会社は「景気が悪い」そうです。倒産しないかどうかは、何を見ればわかりますか?

A 1
倒産しないかどうかは、貸借対照表を見ればわかります

同じ職場の人から「景気が悪い」と聞いたのでしょうか。それとも、ニュースなどで、そう報道されたのでしょうか。いずれにしても大変な状態なのでしょうね。

会社が倒産しないかどうかは、貸借対照表を見ればわかります。貸借対照表で、会社の財産である「資産」の金額を会社の借金（負債）の金額が上回っていたなら、債務超過の状態ですから倒産してしまう危険もあります。

▶ **倒産しないかどうかは、❶と❷をチェックする**

倒産しないかどうかを
確認するには、
負債合計と資産合計を
確認しましょう

資産の部	負債の部
	❷ 負債合計
	純資産の部
	純資産合計
❶ 資産合計	負債・純資産合計

　　務超過の状態にはなっていなくても、貸借対照表で1年以内に
債　返さなければならない借金である「流動負債」が、現金や1年
以内に現金化できる資産である「流動資産」を上回っているようなら
要注意です。

❶より❷が多いと…

倒産は時間の問題？
債務超過の会社

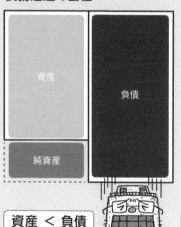

資産

負債

純資産

資産 ＜ 負債

青息吐息で、
自転車操業中の会社

流動資産

流動負債

固定資産

固定負債

純資産

流動資産 ＜ 流動負債

Check!

- 倒産しないかどうかは貸借対照表をチェックする
- 負債合計が資産合計を上回る債務超過なら倒産は時間の問題

一歩進んだアドバイス

儲かっているのに
倒産するケースもある

質問のなかに、「うちの会社は『景気が悪い』」とあります。会社の景気がいいかどうかは、損益計算書をチェックします。

損益計算書には、「売上総利益」「営業利益」「経常利益」「税引前当期純利益」「当期純利益」という5つの利益がありましたね。

このうちの「営業利益」は本業で得た利益を表しています。ここがマイナスだったり、過去の「営業利益」と比べて減っているようなら、本業がうまくいっていない、つまり景気が悪いといえるでしょう。

損益計算書の例（抜粋）　　　　（単位：百万円）

売上高	6,875
売上原価	2,071
売上総利益	4,804
販売費及び一般管理費	5,013
営業利益	▲209
営業外収益	85
営業外費用	80
経常利益	▲203
特別利益	37
特別利益	250
税引前当期純利益	▲415
法人税、住民税及び事業税	25
法人税等調整額	13
当期純利益	▲454

会社の景気が
いいかどうかは、
本業での儲けである
営業利益を
チェックしましょう

1期（1年）だけで
なく、過去と比較
することも大切です

た、黒字でも会社が倒産する「黒字倒産」もあります。

会社が事業を続けていくためには、キャッシュが必要不可欠です。ところが、利益はしっかり出ているものの、得意先などから売上代金を回収することができなかったり、借金が多くて利益のかなりの部分を借金の返済に充てているなどによって、キャッシュが足りなくなってしまう場合もあります。こうした状態を黒字倒産といいます。

黒字倒産しないかどうかを知るには、キャッシュフロー計算書をチェックすることが必要です。

キャッシュフロー計算書がこんな状態なら黒字倒産に注意

営業 キャッシュフロー	投資 キャッシュフロー	財務 キャッシュフロー
		⊖

営業 キャッシュフロー	投資 キャッシュフロー	財務 キャッシュフロー

Q2 就職する予定の会社は、「成長性が低い」らしいのですが、それってどこを見ればわかりますか？

A2 会社の「成長性」はキャッシュフロー計算書を見ればわかります

就職が決まったのですね。おめでとうございます。
ご質問は、その会社の「成長性が低い」かどうかを確認するには、決算書のどこを見ればいいのか、ですね。
会社の将来性や成長性を知るには、キャッシュフロー計算書をチェックします。

キャッシュフロー計算書は、「営業キャッシュフロー」「投資キャッシュフロー」「財務キャッシュフロー」の3つの箱（要素）からなっていましたね。それぞれを単独で見ること以上に、組み合わせで判断することが大切でした。
今後の成長が期待できる会社は、将来を見据えて投資をしています。キャッシュフロー計算書の組み合わせでは、右ページにあげたパターンであれば成長が期待できるでしょう。

Check!

- 会社の将来性、成長性はキャッシュフロー計算書でチェックできる
- 「営業」「投資」「財務」の組み合わせで判断する

キャッシュフロー計算書の例 (抜粋)

(単位：億円)

営業活動によるキャッシュフロー	2,800
税引前当期純利益	3,378
法人税等の支払額	▲1,039
減価償却費	970
運転資本の増減額	▲500
その他	▲9
投資活動によるキャッシュフロー	▲2,420
設備投資支出	▲1,894
有価証券増減額	10
定期預金の増減額	▲527
その他	▲8
財務活動によるキャッシュフロー	▲959
借入金増減額	75
配当金支払額	▲874
自己株式取得額	▲105
その他	▲56

この3つを
チェック

矢印で
指した項目が
プラスか
マイナスかに
注目しましょう

営業
キャッシュフロー

投資
キャッシュフロー

財務
キャッシュフロー

本業でお金を稼げていて、しっかり投資もしているし、
借金も返済できている。成長できそうな会社ですね

会社に何を期待するかで見るものが異なります

質問を見て、ちょっと気になったのですが、あなたは会社に何を期待して「成長性が低い」ことを気にしているのでしょうか。

会社の事業が拡大しているかどうかが気になるのなら、損益計算書の売上高が伸びているかどうかをチェックする方法もあります。過去3年分程度をチェックし、前年に比べてどのくらい伸びているのかを確認してみましょう。順調に伸びているなら、事業は拡大傾向にあるといえます。

損益計算書の例（抜粋）

（単位：百万円）

	2019年2月期	2018年2月期	2017年2月期
売上高	6,081	5,720	5,129
売上総利益	3,314	3,147	2,782
販売管理費	2,306	2,214	1,924
営業利益	1,007	933	857
経常利益	1,030	948	875
当期純利益	681	642	599

事業が拡大しているかどうかを知りたいなら、売上高をチェック。
過去3年分程度を比較して伸びているかどうかを把握しましょう

社が成長するには、本業で儲かっていることが大切です。これ
は損益計算書の営業利益を過去3年分程度比較するといいでし
ょう。さらに5年分くらい比較するとより判断しやすくなります。

　ちなみに、これからどんどん会社の規模が大きくなりそうなところ
で働きたいなら、大企業よりもスタートアップ企業のほうがいいかも
しれません。

　まずは、あなたが会社に何を期待するのか、そのために自分はどう
したいのかを考えることが必要かもしれませんよ。

損益計算書の例 (抜粋)

(単位：百万円)

	2018年12月期	2017年12月期	2016年12月期
売上高	37,388	41,079	46,307
売上総利益	16,557	20,942	24,720
販売管理費	21,726	26,078	29,318
営業利益	▲5,168	▲5,136	▲4,597
経常利益	▲5,313	▲5,144	▲4,436
当期純利益	▲3,240	▲7,259	▲4,567

「営業利益」で本業で儲かって
いるかどうかも確認しましょう。
この会社は営業利益の赤字が
年々膨らんでいて、かなり危険です

Q 3

うちの会社は儲かっていません。でも、みんな一生懸命がんばって営業成績をあげています。決算書を見て、どこに問題があるかを知る方法はありますか?

A 3

損益計算書の「販売費及び一般管理費」をチェックしてみる

あなたの会社は、みなさんが「がんばって営業成績をあげている」のですね。それでも儲かっていないとすれば、みなさんの人件費やオフィスなどの家賃、水道光熱費、通信費など、ビジネスをするうえで必要な費用である「販売費及び一般管理費(販管費)」をチェックしてみましょう。

損益計算書の例 (抜粋)

(単位:百万円)

	2019年2月期	2018年2月期	2017年2月期
売上総利益	77,413	77,965	77,702
販売費及び一般管理費	77,914	72,985	70,509
営業利益	▲501	4,979	7,193

がんばって稼いでも、ムダ遣いばかりしていたらお金がたまらないのと同じ。販管費がかかりすぎると会社は儲かりません

　こであなた自身のお金のことについて考えてみてください。
　一生懸命働いてお給料をもらっても、ムダ遣いばかりしていたら、いっこうに貯金が増えないですよね？

　会社も同じです。みんなでがんばって稼いでも、販管費にお金がかかりすぎていたなら、本業の利益である「営業利益」は小さくなってしまうでしょう。

　どこにお金がかかっているかを知りたいなら、販管費の内訳を細かくチェックしてみるのも一案です。人件費にお金がかかりすぎていたとしたら、あなたの会社の人たちは、案外たくさんお給料をもらえているのかもしれませんね。

うちの会社、
営業利益が
伸びないよね

営業利益

みなさんの
給料の水準が
高すぎるから
ですよ

Check!

● 本業が儲かっているかどうかを知るには「営業利益」をチェック
● 会社が儲かっていないのは「販管費」が多いせいかも…

投資の失敗や多額の退職金が利益を圧迫していることも…

「販管費」が営業利益を圧迫するほどではないのに、儲かっていないとしたら、会社が本業以外の投資などで失敗している可能性もあります。これは、損益計算書の「特別損失」をチェックします。この数字が大きいようなら、会社の「決算説明会」用の資料などで確認したり、会社の"成績表"や"健康診断書"をひとまとめにした「有価証券報告書」を読んでみることをおすすめします。

損益計算書の例（抜粋）

	（単位：百万円）
売上高	6,875
売上原価	2,071
売上総利益	4,804
販売費及び一般管理費	5,013
営業利益	▲209
営業外収益	85
営業外費用	80
経常利益	▲203
特別利益	37
特別損失	250
税引前当期純利益	▲415
法人税、住民税及び事業税	25
法人税等調整額	13
当期純利益	▲454

まずは販管費をチェック

「販管費」が大きすぎないなら、「特別損失」もチェックしてみましょう

　るいは、近い将来、会社を退職する人がたくさんいる、もしくはリストラをしようとしていて退職金に充てるお金である「退職給付引当金」を多く積んでいる可能性もあります。

　これは、貸借対照表の「固定負債」で確認できます。会社の将来に期待できないのなら、リストラの際に支払われる本来の水準より上乗せされた退職金を受け取って、転職することを考えるという選択肢もなくはありませんよ。

貸借対照表の例（抜粋）

（単位：百万円）

	前事業年度 2018年3月31日	当事業年度 2019年3月31日
固定負債		
社債	290,000	441,980
退職給付引当金	340,706	348,540
その他	156,072	164,423
固定負債合計	786,779	954,944
負債合計	5,168,488	5,266,718

「退職給付引当金」を
たくさん積み立てている
可能性も…。
ここも確認しましょう

Q④ 就職を希望している会社は借金が多いようです。倒産する危険性があるでしょうか?

A④

借金が"悪"とは限りません

会社が「借金をしている」と聞くと、「経営がうまくいってないからお金を借りているのでは…」と考える人がいるかもしれませんね。ですが、借金は必ずしも悪いものとは限りません。

いい借金の例

20%の利益を得られる
ビジネスをする場合…

借金をすることで
会社の成長を加速
させることもできます

利益
300万円

20%の利益

借入
500万円

売上高
1800
万円

利益 200万円

20%の利益

1500
万円
使える

自己資本
1000万円

1000
万円
使える

自己資本
1000万円

売上高
1200
万円

A社

B社

借入をして
大きな商売を
しよう

返せなくなると
イヤだから
借金はやめよう

例　えば、新商品を開発するために、新しい研究設備が必要だったとしましょう。会社の手持ち資金（自己資本）だけでは十分でない場合、銀行からお金を借りることも必要でしょう。その結果、開発した商品が大当たりしたら、その借金は会社が成長するために必要なお金といえるでしょう。

　ただし、その会社の身の丈に合った借金にとどめることが重要です。

ただし、借金が
多すぎるのも問題です

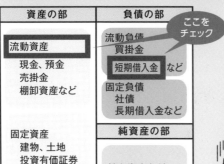

借金過多な企業の特徴　その1
流動資産より短期借入金が多い

資産の部	負債の部
流動資産	流動負債 　買掛金 　短期借入金　など
現金、預金 　売掛金 　棚卸資産など	固定負債 　社債 　長期借入金など
固定資産 　建物、土地 　投資有価証券 　　　　など	純資産の部
	株主資本など

ここを
チェック

短期借入金が
流動資産より多い場合、
短期借入金の返済に
流動資産をすべて充てても
お金が足りません

もうダメだ〜

Check!

● 借金をすることで、自己資本が少ない会社でも
　大きなビジネスをすることができる

● ただし、過剰な借金は会社を滅ぼす原因に…

一歩進んだアドバイス

その借金が過剰か
そうでないかを見分ける方法

適切な借金は、会社が成長するための起爆剤です。ただし、前ページでも触れたように、過剰な借金がある場合には、それが原因となって会社が倒産することもあります。

つまり、借金は会社にとって薬になる場合もあれば、毒になる場合もあるのです。

借金過多な企業の特徴　その2

Ⓐ 支払利息 ＞ 営業利益

Ⓑ 財務キャッシュフローのマイナス ＞ 営業キャッシュフローのプラス

上記の Ⓐ は、本業の儲けが、
借金の利息の支払いに消えている

Ⓑ は、本業で稼いだ現金が、
借金の返済で消えている
ということを表しています

稼いでも稼いでも、借金返済に消えるのね…

借 金が、会社にとって薬なのか、それとも毒なのかを見分けるには、いくつかの方法があります。

175ページで紹介した貸借対照表の流動資産と短期借入金を比較する方法のほか、ここで紹介している、損益計算書の支払利息と営業利益を比べる方法、キャッシュフロー計算書の営業キャッシュフローと財務キャッシュフローを比べる方法も有効です。どれかひとつだけでなく、いくつかの方法でチェックするといいでしょう。

損益計算書の例（抜粋） （単位：千円）

営業利益	▲5,168,695
営業外収益	
受取利息	0
受取配当金	19,803
保険配当金	64,913
〜その他	〜〜〜
営業外収益合計	105,755
営業外費用	
支払利息	5,117
固定資産除去損	2,819

本業で稼げていないところに、借金の利息の支払いがのしかかって、傷口を広げています

キャッシュフロー計算書の例（抜粋） （単位：千円）

営業活動におけるキャッシュフロー	▲2,608,098	⊖
投資活動によるキャッシュフロー	3,104,735	⊕
財務活動によるキャッシュフロー	197,618	⊕

返してもらいますよ

キャッシュフロー計算書を見ても、本業で現金を得られていないうえ、借金返済に現金が消えています

せっかく稼いだお金なのに…

Q5 上司から、うちの会社は
経費がかかりすぎていると聞きました。
どこに問題があるのでしょう?

A5

従業員が多すぎるか、給与水準が高すぎるのでしょう

損益計算書の例 (抜粋)　　(単位:百万円)

売上高	6,875
売上原価	2,071
売上総利益	4,804
販売費及び一般管理費	5,013
営業利益	▲209
営業外収益	85
営業外費用	80
経常利益	▲203
特別利益	37
特別損失	250
税引前当期純利益	▲415
法人税、住民税及び事業税	25
法人税等調整額	13
当期純利益	▲454

「売上総利益」
より「販管費」が
大きい

経費が
かかりすぎているって
どういうこと?

「売上総利益」より「販管費」が多かったら、
本業の利益である「営業利益」が
マイナスになってしまいます

しかして、上司に「経費を使いすぎだ。もっと切り詰めろ」と
怒られたのですか？　それがあなた個人への忠告なら、あなた
自身の努力が必要ですが、会社全体の問題なら経営者の考え方による
ものかもしれませんし、経営の仕方がマズイのかもしれません。

損益計算書

（単位：千円）

売上総利益	20,942,191
販売費及び一般管理費	26,078,789
営業利益	▲5,136,598

「売上総利益」よりも
「販管費」のほうが大きいぞ！
どこにお金が
かかっているんだろう？

社に原因があるかどうかは、損益計算書の「売上総利益」と「販
売費及び一般管理費」を比較すればわかります。

「売上総利益」よりも「販管費」の金額のほうが多い場合は、会社
が経費を使いすぎています。なお、経費でいちばん大きな割合を占め
るのは人件費であることが一般的です。

Check!

- 経費がかかりすぎているかどうかは
  「売上総利益」と「販管費」を比べればわかる
- 「販管費」は給与（人件費）が大きな部分を占める

あなたの会社、ムダに人が多くない？

　会社の経費がかかりすぎる大きな原因として、人件費のかかりすぎがあります。

　なぜ、人件費がかかりすぎるのかというと、その会社の付加価値を表す「売上総利益」に比べて従業員が多すぎるか、従業員ひとりあたりの給与水準が高すぎるからです。

人件費が高くなりすぎる理由

従業員が
多すぎだよ…

売上総利益に対して、
従業員が多すぎる

給与の水準が
高すぎるでしょ

売上総利益に対して、
給与の水準が高すぎる

なたの会社が、このどちらなのかを把握するには、人件費を「売上総利益」で割り算した「労働分配率」を計算します。

「労働分配率」は、会社が生み出した付加価値のうちのどのくらいの割合が従業員に向けられているかを示すものです。ちなみに、日本企業の労働分配率は、全業種の平均で50％となっています。業種によっても異なりますが、50％でも業種平均を上回っているようなら、その会社は他社に比べて「労働生産性が低い」といえるのです。

ITに任せればいい仕事を人手に頼っている可能性が高く、ムダに人が多い（ムダな人が多い）ともいえそうです。

$$労働分配率（\%）= \frac{人件費}{付加価値（売上総利益）} \times 100$$

付加価値（売上総利益）に占める人件費の割合を「労働分配率」といいます。
50％が目安ですが、業種によっても異なります

▶ 労働分配率
（業種の平均）

目安は50%

出所：経済産業省「平成30年企業活動基本調査速報ー平成29年度実績ー」

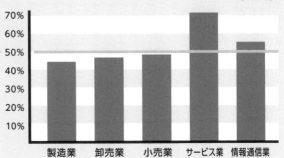

Q6 最近よく見聞きするROAとか ROEってなんですか?

A6

「ROA」と「ROE」は、会社が集めたお金や株主が出資したお金をもとにどのくらい収益をあげているかがわかる指標です

質 問のとおり、ROAやROEという言葉を見聞きする機会が増えました。どちらも、会社の資産を使って効率的に利益をあげているかどうかを判断する基準です。

$$\text{ROA(総資本利益率)} = \frac{\text{経常利益}^{(※)}}{\text{総資本(負債及び純資産合計)}}$$

損益計算書

売上高
売上総利益
販売管理費
営業利益
経常利益
税引前当期純利益
当期純利益

貸借対照表

資産の部	負債の部
	負債合計
	純資産の部
資産合計	純資産合計
資産合計	負債・純資産合計

ROAは、会社が集めたお金を使って、どれだけ利益をあげているかを表します

182

ROAで集めたお金を効率的に使えているかがわかる

R　OAは、「総資本利益率」といい、「経常利益」（※目的によって営業利益や当期純利益を使うこともある）を「総資本（負債及び純資産合計）」で割って計算します。ここから、会社が調達したお金を使って、どれだけの「経常利益」をあげることができたのかを示します。簡単に言うと、「集めたお金を効率的に使っているかどうか」がわかります。

　ただし、注意すべき点もあります。ROAは、本業以外の儲けや損失（営業外収益、営業外費用利益）の影響で増えたり減ったりします。具体的には、資産運用での儲けや損失、資金調達のコストなどです。そのため、新たなビジネスや設備投資のためという前向きな理由で借金をした場合であっても、その利息で「経常利益」が減ってしまうのです。

▶ **ROA(総資本利益率) の日米推移**

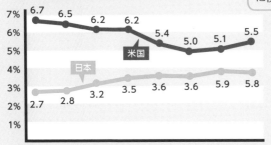

出所：経済産業省「第1回成長戦略部会議論の参考資料」令和元年9月17日

ROEで投資家のお金を有効活用できているか否かがわかる

R OEは「自己資本利益率」といい、「当期純利益」を「純資産
（自己資本）」で割って計算します。ここから、会社が投資家か
ら集めたお金、つまり投資家が出資した返さなくていいお金を使って、
その年にどれだけ利益（当期純利益）をあげられたのかがわかります。

$$\text{ROE（自己資本利益率）} = \frac{\text{当期純利益}}{\text{純資産合計}}$$

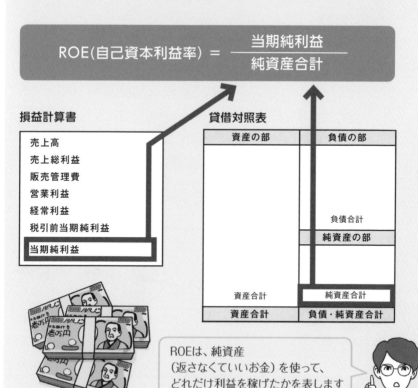

損益計算書

売上高
売上総利益
販売管理費
営業利益
経常利益
税引前当期純利益
当期純利益

貸借対照表

資産の部	負債の部
	負債合計
	純資産の部
資産合計	純資産合計
資産合計	**負債・純資産合計**

ROEは、純資産
（返さなくていいお金）を使って、
どれだけ利益を稼げたかを表します

ＲＯＥは、「当期純利益」が増えて、「純資産（自己資本）」が減ると数値が上がります。そして、数値が高いほど、「経営効率のいい会社」と判断されます。要するに、いかに少ない元手で、効率的に利益を稼ぐことができているかが重視されるのです。

　株主の立場から考えると、自分が出したお金が有効に活用されていなかったら、「せっかく出資してあげたのに、ちゃんと使ってくれないなんて、出資して損をした」と思いますよね。

　なお、ＲＯＥがその会社に出資した投資家が重視する指標であるのに対し、ＲＯＡは投資家だけでなく、会社にお金を貸している銀行や取引先などあらゆる利害関係者が注目する指標です。

▶ **ROE(自己資本利益率) の日米欧の推移**

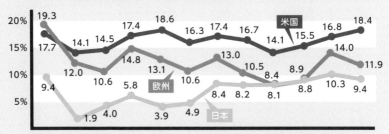

出所：経済産業省　経済産業政策局産業資金課「事務局説明資料」2019年11月

ROEが高いことは、返さなくていいお金（株主が出資したお金）を、効率的に使えているといえます

日本企業のROEは上がっているけど、欧米の企業に比べるとまだ効率的に使えていないんだな

Q7 会社の資産が減っています
これっていいこと？　悪いこと？

A7
断捨離ならいいですが、
経営が苦しくて
資産を切り売りしているのかも…

損益計算書

売上高
　売上原価
売上総利益
　販売費及び一般管理費
営業利益
　営業外収益
　営業外費用
経常利益
　特別利益
　特別損失
税引前当期純利益
　法人税、住民税及び
　法人税等調整額
当期純利益

前の期に比べて、ここに突然、
大きな金額が計上された

キャッシュフロー計算書

営業活動におけるキャッシュフロー	⊖
投資活動によるキャッシュフロー	
財務活動によるキャッシュフロー	

ここがマイナスに
なっている

| 特別利益 |
| 固定資産売却益 |
| 特別損失 |

こんな場合は、
経営が苦しいために、
固定資産を売却した
可能性があります

▶ **キャッシュフロー計算書でも固定資産売却の理由がわかる**

キャッシュフロー計算書

ここが
プラス

⊕	営業活動におけるキャッシュフロー
	投資活動によるキャッシュフロー
	財務活動によるキャッシュフロー

営業キャッシュフローが
⊖ の場合
経営が苦しくて資産を切り売りしている可能性大

⊕ の場合
断捨離（不要になった資産を売却）の可能性大

「会社の資産が減っている」ことを、どうやって知りましたか？
損益計算書の「特別利益」の項目で「固定資産売却益」の金額
が急に大きくなっているのに気づいたのなら、早くも、この本を読ん
でくださった成果が表れていますね。私もうれしいです。ただ、同僚
などから聞いただけなら、この機会に損益計算書をチェックしてみて
ください。

「固定資産売却益」が急に増えたなら、それは会社が不動産や工場、
店舗などの固定資産を売却したためでしょう。でも、それは必
ずしも会社の経営状態が悪いからとは限りません。

　固定資産を売った理由を知るには、キャッシュフロー計算書で、「営
業キャッシュフロー」と「投資キャッシュフロー」をチェックします。
「営業キャッシュフロー」がプラスで「投資キャッシュフロー」も
プラスならば、使っていない資産を売却した断捨離の可能性がありま
す。ですが、「営業キャッシュフロー」がマイナスなら、資金繰りが
苦しくて泣く泣く資産を手放した可能性もあります。この場合は、会
社の経営が傾いているかもしれないので、あなた自身の身の振り方を
考えたほうがいいかもしれませんよ。

Check!
- 固定資産売却益が急に増えたのなら、会社の資産を売っている
- 「営業キャッシュフロー」がマイナスで資産が減っているなら、
  資金繰りに困って資産を切り売りしているのかも…

Q8 うちの会社、貸倒引当金が 多いような気がするのですが…

A8

取引先の支払いが 遅れているなら要注意

資産の部		負債の部	
流動資産	○○○○	流動負債	○○○○
現金及び預金	○○○○	買掛金	○○○○
受取手形	○○○○	短期借入金	○○○○
売掛金	○○○○	未払金	○○○○
有価証券	○○○○	前受金	○○○○
製品	○○○○	その他	○○○○
原材料	○○○○	固定負債	○○○○
繰延税金資産	○○○○	社債	○○○○
貸倒引当金	○○○○	長期借入金	○○○○
固定資産	○○○○	その他	○○○○
有形固定資産	○○○○	負債合計	○○○○
建物	○○○○	**純資産の部**	
機械装置	○○○○		
工具器具備品	○○○○	株主資本	○○○○
土地	○○○○	資本金	○○○○
無形固定資産	○○○○	資本剰余金	○○○○
のれん	○○○○	資本剰余準備金	○○○○
ソフトウエア	○○○○	利益剰余金	○○○○
投資その他の資産	○○○○	利益譲与準備金	○○○○
投資有価証券	○○○○	その他利益譲与準備金	○○○○
関係会社株式	○○○○	繰越利益譲与準備金	○○○○
その他	○○○○	評価・換算差額等	○○○○
貸倒引当金	○○○○	少数株主持ち分	○○○○
		純資産合計	○○○○
資産合計	○○○○	**負債・純資産合計**	○○○○

この2つを
チェック

「受取手形」や「売掛金」など売上債権に比べて、「貸倒引当金」の比率が多い場合は、取引先からお金を回収できていない可能性があります

決算書を
見ると、
そんなことも
わかるのかあ

「貸倒引当金」が多いことに気づくなんて、決算書をしっかり読み込めるようになっていますね！

「貸倒引当金」が多いなと思った場合は、いま見ている貸借対照表の「受取手形」や「売掛金」など「売上債権」と呼ばれる項目をチェックしてください。「売上債権」に対して「貸倒引当金」の割合が高いようなら、取引先などからお金を回収できていない、言い換えれば取引先の代金支払いが遅れはじめた可能性があります。

なお、「貸倒引当金」を計上する場合は、損益計算書に「貸倒引当金繰入」も計上します。その分、利益が減ることになるので、「貸倒引当金」を用意することは、会社にとって望ましいことではありません。

貸借対照表に「貸倒引当金」を計上すると、損益計算書に「貸倒引当金繰入」という費用を計上するルールになっています。その分、利益が減少することになってしまいます

heck!
- 「売上債権」に比べて「貸倒引当金」の比率が高いなら取引先からお金を回収できていない可能性あり
- 「貸倒引当金」は会社の利益を圧迫する

おわりに

一流の人は決算書が読めるという真実

この本を書こうと思ったきっかけは、「数字に苦手意識を持つビジ
ネスパーソンが少なくない」と気づいたことです。

実は、外資系会計事務所に所属していたときから、「数字に弱い社
長が多い」ことをうすうす感じていました。そして、私自身が起業し、
起業家仲間と交流するうち、確信に変わりました。

聞くところによると、常に自社の経営状態を気にかけている社長で
すら、その8割が自分の会社の決算書を見ていないそうです。

そもそも、決算書を読むことができないのは、学校でも会社でも決
算書を学んでこなかったからです。会計学を勉強する学部に行ったり、
決算書を読むことが必要な部署に配属されたりでもしない限り、自主
的に勉強しないと学べない分野だともいえるでしょう。

加えて、「決算書を読み、分析するための知識を身につけたいけれど、
数字アレルギーがあってできない」ケースも少なくありません。社長
の8割が自社の決算書を見ていないのは、営業力やリーダーシップは
あっても、数字力に乏しいからかもしれません。

でも、それでいいのでしょうか。

　一流のビジネスパーソンは数字に強く、決算書を読みこなし、ビジネスに活かしています。ここから、一流になるには、決算書を読めること、数字力が高いことが必須条件だといえます。
　言い換えると、数字アレルギーや決算書を読めないままでは、一流になることはできません。

　数字力がアップすれば、営業や交渉、プレゼン、会議など、さまざまな仕事のシチュエーションで役立ちます。取引先や上司から高く評価されるようになり、成績アップや昇進にもつながるでしょう。転職や起業、さらには副業をするうえでも大きなプラスになります。
　数字に強くなれば、出世も、起業もしやすくなり、転職活動にも有利に働くというわけです。

　まずは、あなたの会社や、あなたが就職を希望している会社の決算書を読めることを、そして最終的にはひとりで決算書分析ができるようになり、さらにはビジネスに応用できる力と、数字力を養うことを目指してください。わずか80分の「ガチ速」でも、きっと成果が出るはずです。

2020年3月　　金川顕教

金川顕教 かながわ・あきのり

公認会計士、経営コンサルタント、ビジネスプロデューサー、出版プロデューサー、事業家、作家。
三重県生まれ、立命館大学産業社会学部卒業。大学在学中に公認会計士試験に合格し、世界一の規模を誇る会計事務所デロイト・トウシュ・トーマツグループの有限責任監査法人トーマツ勤務を経て独立。トーマツでは、不動産、保険、自動車、農業、飲食、コンサルティング業など、さまざまな業種・業態の会計監査、内部統制監査を担当。数多くの成功者から学んだ経験を活かして経営コンサルタントとして独立し、不動産、保険代理店、出版社、広告代理店などさまざまなビジネスのプロデュースに携わる。
「量からしか質は生まれない」をミッションとして、一人でも多くの人に伝えるために執筆活動を開始し、ビジネス書、自己啓発書、小説など多岐にわたるジャンルでベストセラーを連発している。
著書に『年収300万円はお金を減らす人 年収1000万円はお金を増やす人 年収1億円はお金と時間が増える人』(サンライズパブリッシング)、『1時間で10倍の成果を生み出す最強最速スキル 時給思考』(すばる舎)、『公認会計士で起業家だから教えられる「すごい会計思考」』(ポプラ社)、『稼ぐ話術「すぐできる」コツ』(三笠書房)、『仕事と人生を激変させる インプットの教科書』(SBクリエイティブ)、『イヤなことは死んでもやるな』(KADOKAWA)など多数

理想が叶う金川顕教LINE通信
(4万人以上が登録中)
@rgt0375y

金川顕教
公式無料メールマガジン
(4万人が購読中)
http://akinori-kanagawa.com/lp/

オフィシャルサイト
http://akinori-kanagawa.jp/

YouTube図書館〜金川顕教〜
https://akinori-kanagawa.jp/youtube
(または検索蘭から「金川顕教」か
「YouTube図書館」で検索してください)

80分でマスター！
ガチ速決算書入門

発　行　日　　2020年4月1日　初版第1刷発行
著　　　者　　金川顕教
発　行　者　　久保田榮一
発　行　所　　株式会社 扶桑社
　　　　　　　〒105-8070
　　　　　　　東京都港区芝浦1-1-1　浜松町ビルディング
　　　　　　　電話　03-6368-8870 (編集)
　　　　　　　　　　03-6368-8891 (郵便室)
　　　　　　　www.fusosha.co.jp
印刷・製本　　サンケイ総合印刷株式会社